61 طريقة

لتنظيم وإنعاش
الحياة الأسرية

دار جامعة حمد بن خليفة للنشر
صندوق بريد 5825
الدوحة، دولة قطر

www.hbkupress.com

Originally published in France as:
Ma boîte à outils pour organiser et ré-enchanter ma vie de famille - Votre quotidien...en mieux! by Camille BERTA

© Dunod, 2018, Malakoff

جميع الحقوق محفوظة.

لا يجوز استخدام أو إعادة طباعة أي جزء من هذا الكتاب بأي طريقة دون الحصول على الموافقة الخطية من الناشر باستثناء حالة الاقتباسات المختصرة التي تتجسد في الدراسات النقدية أو المراجعات.

الطبعة العربية الأولى عام 2021
دار جامعة حمد بن خليفة للنشر

الترقيم الدولي: 9789927151705

تمت الطباعة في بيروت-لبنان

مكتبة قطر الوطنية بيانات الفهرسة – أثناء – النشر (فان)

بيرتا، كاميل، مؤلف.

[Ma boîte à outils pour organiser et ré-enchanter ma vie de famille]. Arabic

61 طريقة لتنظيم وإنعاش الحياة الأسرية / كاميل بيرتا ؛ ترجمة منى الحكيم. - الطبعة العربية الأولى. - الدوحة، دولة قطر : دار جامعة حمد بن خليفة للنشر، 2021.

صفحة ؛ سم

تدمك 978-992-715-170-5

ترجمة لكتاب: Ma boîte à outils pour organiser et ré-enchanter ma vie de famille.

1. العلاقات الأسرية. 2. الوالدين والأبناء. أ. الحكيم، منى، مترجم. ب. العنوان.

HQ743 .B47125 2021

306.85– dc23

20212803319x

61 طريقة

لتنظيم وإنعاش الحياة الأسرية

تأليف: كاميل بيرتا

ترجمة: منى الحكيم

دار جامعة حمد بن خليفة للنشر
HAMAD BIN KHALIFA UNIVERSITY PRESS

كلمة شكر

أتقدم بالشكر من آرثر ويوجين وغاسبارد وجوزفين وجوليان وهم مصدر سعادتي في حياتي اليومية.

أود أن أشكر أيضًا، بريجيت وباسكال الذين رافقاني بصبر طوال هذا المشروع. وكذلك أشكر كل من آن وكارولين وكاثرين ودلفين وإلسا ولورنس وأوليفيا وسيلفي، على نصائحهم، وعلى مراجعة الكتاب بعناية.

وأشكر جميع الأشخاص الذين شاركوني تجاربهم ضمن الشهادات (الأسماء مستعارة).

وأشكر إيريك دانجونيير على استقباله الحماسي للمشروع، ولوسي بيرسون على التدقيق اللغوي، وآن ديفريفيل على رسوماتها التوضيحية.

طريقة استعمال الكتاب

طرق عملية ومفيدة

الطريقة 5: تمكين الأطفال من حمل المسؤولية

أقسام واضحة وموجزة

نصائحي...

صورة لتوضيح الطريقة

المحتويات

المقدمة 8

1 تنظيم اليوميات 10

الطريقة 1 اليوميات بالصور 12
الطريقة 2 التحضيرات الصباحية 14
الطريقة 3 الجدول الأسبوعي 16
الطريقة 4 البرنامج الزمني بالتفصيل 18
الطريقة 5 تمكين الأطفال من حمل المسؤولية 20
الطريقة 6 المشاركة في الحياة المنزلية 22
الطريقة 7 ترتيب المنزل 24
الطريقة 8 التنظيف الموسمي 26
الطريقة 9 الواجبات المدرسية 28
الطريقة 10 الإدراك والتعلم 30

2 الغذاء 34

الطريقة 11 وجبة الإفطار 36
الطريقة 12 قائمة وجبات الأسبوع 38
الطريقة 13 إعداد الوجبات 40
الطريقة 14 هيا إلى المائدة 42
الطريقة 15 الوجبة العائلية 44
الطريقة 16 وجبات المناسبات 46
الطريقة 17 وجبة في الطبيعة 48

3 التبادل والتواصل 50

الطريقة 18 إلى اللقاء 52
الطريقة 19 اللقاء المسائي 54
الطريقة 20 الاستماع والمحادثة والتواصل مع الطفل 56
الطريقة 21 الكلمات اللطيفة 60
الطريقة 22 الحديث الخاص وجهًا لوجه 62
الطريقة 23 جلسات الألعاب الجماعية 64
الطريقة 24 التوتر بين الأخوة 66
الطريقة 25 اجتماع العائلة 68

4 مواكبة تطور الأطفال 70

الطريقة 26 اللعب الحر 72
الطريقة 27 ركن الابتكار 74

6

- الطريقة 28 القصص الأولى 76
- الطريقة 29 قصة المساء 78
- الطريقة 30 القصص لأطفال يستكشفون القراءة 82
- الطريقة 31 النزهات في الهواء الطلق 84
- الطريقة 32 الأكواخ 86
- الطريقة 33 البحث عن الكنز في المتحف 88
- الطريقة 34 كتيب السفر 90
- الطريقة 35 استقبال المشاعر 92
- الطريقة 36 تفهم الغضب 94
- الطريقة 37 الفقاعة 96
- الطريقة 38 سجل النجاحات 98
- الطريقة 39 مكانة الشاشات 100
- الطريقة 40 صلة الأطفال بالإنترنت 102

5 جعل الحياة احتفال 106

- الطريقة 41 احتفالات ذكرى الميلاد 108
- الطريقة 42 طقوس العبور 110
- الطريقة 43 هدية القسائم 112
- الطريقة 44 رزنامة المناسبات 114
- الطريقة 45 سجل الذكريات 116
- الطريقة 46 علبة السعادة 118
- الطريقة 47 الاحتفالات المفاجئة 120
- الطريقة 48 الاحتفال بالعائلة 122
- الطريقة 49 شجرة التمنيات 124
- الطريقة 50 كبسولة الزمن 126

6 المشاركة والإقدام على طلب المساعدة 128

- الطريقة 51 إعادة التوازن إلى مجالات الحياة 130
- الطريقة 52 توزيع المسؤوليات الأسرية 132
- الطريقة 53 قائمة المهام 136
- الطريقة 54 مدوّنة الأسبوع 138
- الطريقة 55 ابنوا قريتكم الخاصة 140
- الطريقة 56 مقابلة جليسة/جليس الأطفال 144
- الطريقة 57 العلاقة مع جليسة/جليس الأطفال 146
- الطريقة 58 مجالسة الأطفال 148
- الطريقة 59 تنفسوا الصعداء 150
- الطريقة 60 الراحة الأسبوعية 152
- الطريقة 61 المواعيد الرومنسية 156

الدفتر المرفق 158

المقدمة

حين نعمل بجدية، بالقدر الكافي طبعًا، وإنما بفاعلية وحزم، يصبح يومنا أقل ثقلًا، ومساحات الحرية أوسع، وينتهي بنا المطاف باصطياد النجوم.

جان كلود كوفمان

هل تعمل في مجال اللوجستيات، في الإدارة، أو أنك طباخ؟ هل أنت راوي، أو مغني، أو ناظر مدرسة؟
أنتم تمارسون، دون أن تدروا، عدة «وظائف»: إذًا أنتم آباء!
الحياة الأسرية ليست نهرًا هادئًا، بل تتطلب أداء شبيهًا بألعاب الخفة، لمواجهة التحديات والعوائق. قد ترغبون في الحصول على المزيد من الوقت للتفرغ للأولويات فعلًا: تربية أطفالكم في بيئة عطوفة، ومرافقتهم خلال مراحل تطورهم واكتشافاتهم. إن العثور على الإيقاع المناسب للأسرة ليس بالأمر اليسير. لكن التنظيم باعتماد طقوس معينة، يسمح بكسب وقت إضافي من شأنه أن يلطف الحياة وينعشها. تلك الطقوس ليست مجرد روتين فحسب، بل هي عادات لها أهداف معينة، وقيمة رمزية؛ ويشيد العديد من علماء النفس بأهميتها. يشرح المعالج والمحلل النفسي روبير نوبورجيه كيف أن «الطقوس الأسرية تبدو أساسية للحفاظ على هوية المجموعة، وتأكيد الانتماء، وتعزيز تضامن أفرادها». ومن جهته، يقول الطبيب النفسي بوريس سيرولنيك: «في أسرتي، نأكل بطريقة معينة، ونصلي بطريقة معينة، ونقرأ قصة قبل النوم.... هذه المجموعة من الطقوس تكرس البنوَّة، وتبين للابن بأنه ينتمي إلى هذه الأسرة وهذه الثقافة، وبأنه سيستفيد من تضامن أسرته عند وقوع أي مكروه، إذا تبنى تلك الطقوس. إن هذا الدور في توفير الأمان ضروري».

تتيح الطقوس تحقيق ما يلي:

- **توفير إطار عمل ومعايير مُطمئِنة:** الطقوس بالنسبة لأطفالكم بمثابة علامات ومقاييس تنظم حياتهم، وتسمح لهم بالتعرف على ذواتهم، وتقدم لهم بيئة مطمئنة. إنها مصدر للاستقرار والأمان.
- **تبني إيقاع يحترم الاحتياجات الأساسية لأطفالكم:** عند تنظيم حياتكم استنادًا للطقوس، فإنكم تقدمون لهم وتيرة منتظمة تتوافق مع احتياجاتهم الأساسية.
- **كسب الوقت واسترجاع السيطرة على حياتكم:** لا يدعكم الروتين تتجاوزون طاقاتكم وقدراتكم، ويتيح لكم ترتيب أولوياتكم. عند تحديد وترسيخ قواعد حياتكم الأسرية بوضوح، فإنكم لن تحتاجوا بعد اليوم إلى الشرح والإعادة مرارًا وتكرارًا.
- **علموا أطفالكم ودربوهم على تحمل المسؤولية.**

بناء الطقوس

1) **التحلّي بالصبر**

لا توجد عصا سحرية بخلاف **الوقت والثبات**؛ والوقت يلعب لصالحكم. تظهر الطقوس الأولى في الأسرة في أغلب الأحيان عند ولادة الطفل، وأحيانًا دون أن تتنبهوا لذلك! يكبر الطفل ويصبح مراهقًا أو حتى بالغًا، ويحافظ على تلك الطقوس دون شك؛ فلا يفوت الأوان أبدًا على وضع الطقوس تدريجيًا.

2) **اتباع وتيرة جديدة**

بمجرد **تحديد الطقوس الروتينية، يجب البدء بتطبيقها؛** قد يستغرق ذلك بعض الوقت وفقًا لنوعها وطبيعتها؛ ويتعاون الأطفال معها بسهولة عمومًا، لا سيما إذا كان البالغون هم القدوة في ذلك. فإن قررتم جمع كل الهواتف في المنزل في سلة عند تناول العشاء، يتعين عليكم أن تكونوا حذرين، ولا تجِيبوا على أي اتصال هاتفي أو ترسلوا أية رسالة قصيرة أثناء تناول الطعام.

3) **استخدام الوسائط، وسائل بصرية:** تعليق جدول زمني على باب الثلاجة، أو باب الحمام... **وسائل سمعية:** الأغاني والترنيمات مفيدة جدًا وخصوصًا للصغار؛ أما بالنسبة للكبار والبالغين، قد يساعد استخدام جرس أو منبه للتذكير بموعد ما أو تاريخ محدد...

4) **معرفة طريقة التكيُّف:** يتمثل الأسلوب الأفضل في إجراء تجربة لعدة أيام أو عدة أسابيع، للتأكد بأن الطقوس تطبَّق جيدًا وتحقق الهدف منها، ولتعديلها إذا لزم الأمر، مع الحرص على مناقشتها مع الصغار كل مرة، وطرح الأسئلة على أنفسكم من قبيل:

- هل جرى التقيد بالطقس الجديد؟
- هل هو مفيد، عملي، مناسب؟
- هل شاب تنفيذه أية أخطاء؟ لماذا؟
- كيف تستطيعون تحسينه؟
- اتباع طريقة التجربة تسمح لكم بالتقدم. يمكنكم أن تتعلموا من خلال ارتكاب الأخطاء!

5) **الحفاظ على المرونة**: تتطور الطقوس التي تضعونها للأطفال خلال مراحل الطفولة، وتتغير مع تقدمهم في العمر. من الضروري إعادة تأهيلها بما يتناسب مع كل مرحلة من مراحل الحياة: وفقًا لسن الأطفال، والمتطلبات المهنية، والوضع الأسري... لا يعني ذلك العودة إلى نقطة الصفر بالطبع، بل تستندون إلى القيم التي استرشدتم بها حتى الآن عند فرض تلك الطقوس أو الأعمال الروتينية، وتعيدون التفكير بها مجددًا، كي تتماشى مع وضعكم الحياتي الجديد. تشكل ولادة الطفل، الانتقال إلى وظيفة جديدة أو إلى منزل جديد، الطلاق، مناسبات ومحطات لإعادة خلط الأوراق وتحديث الطقوس. لكن حذار، فهذه الأوقات أيضًا يكون فيها الأطفال (وأنتم أيضًا) بحاجة ماسة لهذه المعايير. فلا تبدأوا من الصفر، بل يمكنكم تطويرها تدريجيًا دون إدخال تغيير شامل.

من خلال مجموعة من الطرق العملية والطقوس السهلة التطبيق في الحياة اليومية، أو خلال مناسبات غير اعتيادية، أنتم مدعوون لأن تكونوا القادة لحياتكم الأسرية، لاستلام زمام الأمور، والدفع بأولوياتكم إلى الأمام، واستعادة بيئة العيش الأكثر تناغمًا، وتقديم معايير مطمئنة لطفلكم، كي يكبر وينضج بحرية.

المراجع

بوريس سيرولنيك، «الصليب» (La croix)، 8 أكتوبر 2013.

جان كلود كوفمان، «التفاني في العمل» (Le Coeur à l'ouvrage)، ناثان، 1997.

روبيرت نوبورجيه، «الطقوس العائلية» (Les Rituels familiaux)، بايوت، 2016.

1 تنظيم اليوميات

نظموا أوقاتكم

تشعرون بأنكم غارقون وسط متطلبات الحياة اليومية، وتنجرفون في تنفيذ أعمال روتينية تغلغلت خفية. لقد حان الوقت لاستعادة زمام الأمور. لقد وضعنا هذا الملف كي تتمكنوا من تنظيم حياتكم من أجل:

- **تخصيص الوقت والطاقة** للأمور الهامة: الحرص على جودة الوقت المخصص للطفل.
- **توفير علامات واضحة ومفهومة؛** يستطيع الطفل إيجادها وتطبيقها باعتبارها مرجعًا له.
- **زيادة المسؤوليات** الموكلة لطفلكم تدريجيًا، وجعله يشارك بنشاط في الحياة المنزلية.
- العناية بأنفسكم.

ستتمكنون من الغوص من هذا الملف (وما يعقبه) لتحديد قواعد الحياة التي تودون فرضها واعتمادها، وفقًا لاحتياجاتكم. ولا يقتصر الأمر على اختيار الطرق والأساليب، بل على تكييفها بما يتناسب ونمط حياتكم. لذلك، من المهم:

- **تقييم الأمور مع الزوج:** أعيدوا التركيز على قيمكم، وعلى ما تودون نقله إلى أطفالكم، والشروط والبيئة التي تودون أن تعيشوا فيها. لا يقتصر الأمر على وضع قائمة من «قواعد الحياة»، فالنقاش يسمح لكم بإعادة التركيز والتفكير بـ«أعمال روتينية» إيجابية تقوي الروابط الأسرية: العطلات، النزهات، أوقات اللعب... وإن كنتم تربون أطفالكم لوحدكم بغياب الشريك، عليكم أخذ الوقت الكافي للتفكير، قبل التحدث إلى الأطفال.
- **التحدث مع الأطفال وتوضيح أسباب فرض أولوياتكم:** يمكنك عقد اجتماع أسَري، للوصول في نهاية المطاف إلى تحديد بعض «القواعد» المكتوبة، وعرضها بعد ذلك في مكان ما في المنزل.
- **تحديد «مركز القيادة» في الأسرة:** في مكان مشترك (المدخل، المطبخ...)؛ يمكنكم عرض البرامج، أرقام الهواتف للاتصالات الطارئة، الرزنامة الدائمة، ولوح يمكنكم اعتماده لتبادل بعض الملاحظات والرسائل والكلمات البسيطة.
- **فرض احترام القواعد** التي اتفق عليها، وتطبيق الالتزامات دون التردد في تعديلها، بما يتماشى مع التغييرات.

روتين... قابل للتطوير!

تفرض بعض الأعمال الروتينية نفسها رغمًا عنكم؛ وإن كانت غير مناسبة لكم، فمن الممكن تغييرها. تروي جمانة قصتها: «في أحد الأيام، استفاقت ابنتي وكانت غاضبة وشديدة التذمر. توجب علينا الاستعداد ولكنها لم تكن متعاونة؛ ولكي أرضيها، اقترحت عليها أن تشاهد فيلمًا كرتونيًا على هاتفي. وأثناء مشاهدتها الفيلم، تمكنت أخيرًا من إلباسها، ووصلنا إلى المدرسة في الوقت المناسب. في الأيام التالية، طالبت بمشاهدة الفيديو، ودون أن ألاحظ، ترسخ هذا الروتين الصباحي في حياتنا. احتجت لعدة أيام بعد ذلك كي أقنعها بأنها لن تتمكن من مشاهدة برامج الكرتون كل صباح».

من جهتها، تشرح لينا قائلة: «ساعدني اكتشاف أهمية القواعد، وتعلم كيفية وضع المعايير وتطبيقها في حياتي كأم؛ حين كنت أقول لا، كانت بناتي يعرفن بأن كلمتي صارمة، ولا يحاولن إقناعي بتغيير رأيي. وسمح لي التشبث بكلمتي وبقراري الأول، حتى إن أدركت لاحقًا بأن موقفي كان خاطئًا، بتهدئة العلاقات والتوصل في النهاية إلى قول كلمة نعم بسهولة».

لا يفترض بنا أن نحوِّل حياتنا إلى روتين عسكري؛ فبمجرد إرساء القواعد والطقوس واستخدامها في وقتها يسترجع المنزل هدوءه (النسبي دائمًا!)، وحين تبتعدون عن نمط المحاربة للبقاء أحياء، يمكنكم عندئذ الاسترخاء وإدراج بعض العادات المرحة (في حال لم تُدرج من قبل في الطقوس).

الطرق

الطريقة 1	اليوميات بالصور	12
الطريقة 2	التحضيرات الصباحية	14
الطريقة 3	الجدول الأسبوعي	16
الطريقة 4	البرنامج الزمني بالتفصيل	18
الطريقة 5	تمكين الأطفال من حمل المسؤولية	20
الطريقة 6	المشاركة في الحياة المنزلية	22
الطريقة 7	ترتيب المنزل	24
الطريقة 8	التنظيف الموسمي	26
الطريقة 9	الواجبات المدرسية	28
الطريقة 10	الإدراك والتعلم	30

الطريقة 1

اليوميات بالصور

إن شعرتم بأنكم حمَّلتم أنفسكم أقصى ما تحتمل، وأنتم تراقبون الوقت وتذكرون بالتعليمات باستمرار؛ آن الأوان لوضع اتفاق مع أطفالكم، وتحميلهم المسؤولية. لا شك أن إرساء روتين يومي بالصور، واختيار الرسوم المناسبة من الحياة اليومية وترتيبها، يسمح للأطفال اكتساب استقلاليتهم الذاتية؛ وحين تترسخ هذه العادات في يومياتهم، يصبح التفاوض أمرًا يمكن تجنبه.

طقوس الصباح للطفلة ريتا (6 سنوات)

7.30	وجبة الإفطار
7.45	تنظيف الأسنان
7.50	ارتداء الملابس
8.10	التوجه إلى المدرسة

سبب الاستخدام؟

ليس من السهل تطبيق جدول زمني محدد بالدقيقة. ففي الصباح، يميل الطفل لتمضية 10 دقائق في ارتداء جواربه. يصل في أغلب الأحيان متأخرًا إلى الحضانة أو المدرسة؛ وبالتالي تتأخرون بدوركم في الوصول إلى العمل. في المساء، تبذلون كل الجهود الممكنة كي يقبل أخذ حمامه، فينام متأخرًا جدًا؛ ويتكرَّر الأمر على هذا المنوال في الأيام التالية. لا شك أن الاتفاق مع أطفالكم في إرساء «روتين» واضح المعالم، سيساعدكم على البقاء على طريق الصواب، وسيتيح لهم الفرصة لتلمس هذا الطريق واتباعه.

كيفية الاستخدام؟

المراحل

1. نسخ الرسومات التوضيحية الموجودة على الملفات المرفقة والقابلة للفصل والمناسبة لجدولكم (من أجل تنظيم صباحكم و/أو مسائكم).
2. عرض تلك الرسوم على أطفالكم، وتحديد مسمياتها، والاتفاق معهم على المراحل المختلفة الخاصة بالصباح و/أو المساء (الاستحمام، ارتداء الملابس، وجبة الإفطار، تنظيف الأسنان...)، ثم ترتيب المراحل معًا. ووفقًا لسن الطفل، قد يصبح هذا الاتفاق موضوع نقاش لتنظيم سير الأمور العادي.
3. الاقتراح على الطفل بتلوين تلك الرسوم أو تزيينها، كي يضع لمساته الخاصة عليها.
4. لصق الرسوم التوضيحية بالترتيب على ورقة بيضاء، مع ربطها بجدول الساعات لتحديد أوقات تنفيذ المهام.
5. لصق الجدول الزمني في موقع واضح جدًا (على الثلاجة مثلًا).
6. الطلب من الطفل، في الصباح أو المساء، العودة إلى الروتين لتوجيهه وتذكيره بالخطوات.
7. قد يتطور الروتين بمرور الأشهر، فلا ترددوا في إضافة رسومات أخرى، أو إعادة ترتيبها... حين يتبنى أطفالكم الإيقاع المطلوب، فلا يحتاجون بعد ذلك إلى علامات بصرية.

أفكار مبتكرة

- ابدأوا «بالأعمال الروتينية» (تنظيف الأسنان، ترتيب الطاولة...) قبل أوقات التسلية (اللعب، قراءة قصة ...).
- يتعلق الأمر بتحميل أطفالكم المسؤولية ووضع القرار بين أيديهم. فإن طلبوا منكم أن تروو لهم قصة، يمكنكم إعادتهم إلى الطقس المتفق عليه: «كي أتمكن من قراءة القصة، هل تأخذ حمامًا؟»

نصائحي

يسمح لك إضفاء الطابع الرسمي على الاتفاق مع طفلك على طقوس الصباح أو المساء، بإعطائه معايير مرجعية توجهه؛ ويساعدك ذلك على تفادي المفاوضات اللانهائية. ومثلما هو الحال مع كل الأعمال الروتينية الأخرى، لا تترد في إدخال القليل من اللهو، وتحرر من قيود الطقوس لليلة واحدة (الذهاب إلى المنتزه، النوم في ساعة متأخرة...). لا ينبغي لموعد النوم المتفق عليه أن يلغي أوقات الوئام (غير المكتوبة) عند استغلال اللحظة من خلال: الهمس في أذن الطفل، إنشاد أغنية بلغتكم الأم الأصلية، لمس يده بحنان... ويمكن ابتكار لحظات حميمة مختلفة مع كل طفل من أطفالكم.

الطريقة 2

التحضيرات الصباحية

كيف تستعدون في الصباح وتهتمون بالأطفال في الوقت ذاته؟ كيف تتجنبون تحول المنزل إلى فوضى عارمة، وتضمنون الوصول إلى المدرسة والمكتب في الموعد المناسب؟ الحل يكمن في التنظيم. إن التحضير المسبق وترتيب اللوازم قدر المستطاع في اليوم السابق، يتيح لكم إنجاز مهام الصباح بكل هدوء وسكينة. ما عليكم سوى الاستيقاظ في الموعد المناسب، ومن ثم الانطلاق بالوتيرة المطلوبة، مع الحفاظ على المعنويات المرتفعة والمزاج الجيد قدر الإمكان.

الاثنين

الجوارب الوردية موجودة في سلة الغسيل. ترفض لارا ارتداء غيرها. اللون الأسود قبيح!

الثلاثاء

أيمن يريد من والدته أن توقع واجب الرياضيات؛ لم يفهم معادلة فثاغورس.

الأربعاء

خرج زوجي باسم عند الخامسة صباحًا لأخذ الباص؛ من الصعب إنجاز الأمور بسرعة دون تعاونه.

الخميس

أيمن أضاع كتاب اللغة الإنجليزية؛ «أنتِ لا تعرفينها يا ماما، المعلمة قاسية جدًا». هذا صحيح، الأمهات لا يعرفن كلَّ شيء!

الجمعة

صف جود ينظم رحلة ميدانية، ووجبة طعامه ليست جاهزة. لارا حزينة لأنها تشاجرت مع صديقتها ولم يستمع لها أحد أثناء العشاء. باسم سيهتم بمستلزمات النزهة، وفاتن ستحادث ابنتها.

السبت

الوضع سيكون أفضل الأسبوع المقبل!

سبب الاستخدام؟؟

يسبب الخروج من المنزل في الصباح الفوضى؛ فحين يستغرق بعض الأطفال وقتًا طويلًا في الاستعداد، تتصاعد مستويات التوتر؛ وينتهي الأمر أحيانًا (بل غالبًا) بالصراخ العالي النبرة، وبتوجيه التهديدات التي ستندمون على التلفظ بها بمجرد خروج الكلام من فمكم. قد يصل بكم الأمر إلى الشعور بالأسى طوال النهار. كيف يمكن وضع النظام، وكسب الوقت والسكينة معًا؟

كيفية الاستخدام؟

المراحل

1. الاتفاق مع طفلك **في المساء** على أعمال اليوم التالي، ومراجعة دفاتره ومراسلاته المدرسية.
2. الطلب من طفلك **تجهيز** حقيبته المدرسية في المساء بعد إنهاء واجباته.
3. **تحضير الملابس** قبل النوم (بعد معرفة الأحوال الجوية وبناء على جدول اليوم التالي).
4. تثبيت **موعد الاستيقاظ** المناسب وفقًا للوقت اللازم للاستعداد في الصباح. لا يوجد في هذا المجال قواعد ثابتة فبعض الأشخاص لا يخرجون من المنزل دون تسريحة شعر مثالية، في ما يكتفي آخرون بوضع سروال الجينز كي يكونوا جاهزين للخروج. للأطفال أيضًا إيقاعهم الخاص المختلف عن إيقاعكم.
5. مع انطلاق رنين المنبه، تصبحون أنتم المسؤولون (قادة الأوركسترا!)، تقع على عاتقكم مسؤولية **توزيع المهام** وضبط الأجواء. يرتبط جو المنزل بمزاجكم الخاص (هادئ، ساكن، عصبي، غاضب، مستاء...) الذي ينعكس على أطفالكم.
6. إن الاحترام الدقيق لمواعيد الجدول، يعطيكم الفرصة لمنح **مكافأة صغيرة**: الاستماع للموسيقى التي تبقي الجميع في مزاج فرح، وربما تترافق مع بعض الحركات الراقصة قبل الخروج. إذا كان ذلك ممكنًا!

نصائح

- تقسيم المهام بين الزوجين هو مفتاح التنظيم الناجح. لا تترددوا أبدًا في تبني هذا التوجه! واحرصوا قبل أي اجتماع عائلي هام، أن تتناوبوا على استلام زمام الأمور...
- لا يدرك الأطفال الصغار معنى الوقت، ولذلك فإن احترام المواعيد من مسؤوليتكم. لا تغرقوا أنفسكم بكثرة المهام، بل على العكس كونوا دائمًا متقدمين على إيقاع أطفالكم. من المفيد الاستيقاظ باكرًا جدًا كي تحظوا بالوقت الكافي للاستعداد، قبل أن تصيروا جاهزين لمساعدة الأطفال.
- لن يصير الطفل جاهزًا كي يمسك بزمام أموره قبل وصوله إلى الكلية، سيتعلم تدريجيًا كيفية تنظيم يومياته لوحده؛ ومع ذلك سيظل بحاجة لكم. كي تعم أجواء الهدوء والسكينة، خففوا مشاحنات اللحظة الأخيرة، وحدِّدوا القواعد بوضوح. إذا علم الطفل بأنَّكم لن توقعوا ورقة امتحانه قبل الخروج إلى العمل بثلاث دقائق، سيتعلم عندئذٍ أن يطلب منكم الاطلاع على واجبه وتوقيعه في المساء. في الواقع، يجب أن تكونوا متفرغين للاستجابة لطلباته مساءً.

الطريقة 3

الجدول الأسبوعي

بما أننا لا نستطيع حفظ جدول عمل أفراد الأسرة جميعهم عن ظهر قلب، فالخطة الأسبوعية أداة ضرورية في هذه الحالة، إذ تسمح لكل فرد أن يعرف واجباته ومسؤولياته. يشكل هذا الجدول تذكيرًا بصريًا لخطط الجميع وأعمالهم. يتوجه للأطفال الذين هم في سن القراءة، ويتيح مشاطرة المعلومات مع الأشخاص من خارج الأسرة والذين يعتنون بالرضع أيضًا.

مثال عن الجدول الأسبوعي

الاثنين	الثلاثاء	الأربعاء	الخميس	الجمعة	السبت	الأحد
8.00 ليان 8.30 سامر (بابا)	8.30 سامر 9.00 ليان	8.00 ليا 8.30 سامر (ماما) 11.30 سامر (ماما)	8.00 ليان 8.30 سامر (بابا)	8.30 سامر (بابا) 9.00 ليان	جدول (ليان)	
4.00 ليان 5.45 سامر (جوليا) أعمال حرفية (ماهر/ جوليا) جدول (ليان)	3.00 ليان 5.45 سامر (جوليا) جدول (ماهر)	2.00 كرة السلة (ليان) 4.00 السباحة (ماهر) جدول (ليان)	5.00 ليان 5.45 سامر (جوليا) 6.00 طبيب الأسنان جدول (ماهر)	4.00 ليان سامر (ماما) 6.00 معالج النطق (ماهر) جدول (ليان)	3.00 مريم جدول (ماهر)	جدول (ماهر)

سبب الاستخدام؟

وضع الخطة وعرضها يمكننا من مشاطرة المعلومات مع أفراد الأسرة ومع الأشخاص الخارجيين المعنيين باحتياجاتنا الأسرية اليومية (الحاضنة، الأجداد، ...). كما أنها طريقة توفر لنا الفرصة لمعرفة واجباتنا ومواعيدنا بلمح بصر. هكذا توجه الأطفال كيف ينظمون يومهم. يكون لكل فرد من أفراد الأسرة متطلباته الزمنية المختلفة، ولذلك يختلف برنامج كل واحد منهم باختلاف نشاطاتهم ما بعد المدرسة، ومواعيد العمل، ومواقيت «جليسة الأطفال»...لذلك نحتاج لطريقة ما كي نسترجع النظام في حياتنا.

كيفية الاستخدام؟

المراحل

1. الاتفاق مع طفلكم مع **بداية كل سنة دراسية**، أو عند تغيير إيقاع النظام المنزلي.
2. بناء على الجدول الزمني لكل فرد في الأسرة، وضع **البرنامج الأسبوعي** المقترح مع إدراج أكبر قدر ممكن من المعلومات (النشاطات ما بعد المدرسة، المواعيد المنتظمة...)، باستخدام أقلام بألوان مختلفة (لون محدد لكل فرد في الأسرة).
3. إذا كانت مواعيد الطلاب في المرحلتين الإعدادية والثانوية شديدة التعقيد، انسخوها والصقوها قرب البرنامج (يمكن تصويرها بالهاتف الذكي للاطلاع على المعلومات، حتى أثناء عدم تواجدكم في المنزل).
4. إعادة «**تفعيل**» البرنامج بطرق مختلفة كل أسبوع. يمكن إدخال التعديلات عليه مساء في نهاية الأسبوع مثلًا، لتحديد التفاصيل الخاصة بالأسبوع المقبل: السفر لأغراض العمل، المواعيد مع الأطباء، النزهات... وكي لا تنسوا أي موعد هام، يفضل تدوينه على ورقة صغيرة لاصقة، ووضعها على البرنامج.

أفكار مبتكرة

- يمكن تدوين مشاركات الأطفال في المهام المنزلية ضمن البرنامج أيضًا (مع الأخذ بالاعتبار ضيق الوقت).
- لا يحل البرنامج الورقي محل التواصل الشفهي، والتنبيهات الصوتية على الهاتف، والملاحظات على المفكرة... لا يُستغنى عن الجدول الورقي الذي يمكن أن تدوِّنوا عليه تواريخ العطلات.
- يمكن أن يرفق هذا البرنامج ببرنامج بصري عن اليوم الكامل الخاص بالأطفال الصغار (أُنظر الطريقة 4).

نصائحي

- عرض الجدول على باب الثلاجة أو في موقع مناسب للجميع.
- الاحتفاظ بملف فارغ على الحاسوب لإعادة استخدامه سنويًا، وبذلك تتفادى خسارة الوقت وإعداده من جديد.

الطريقة 4

البرنامج الزمني بالتفصيل

يتضمن إعداد البرنامج علامات محددة تسهل على أطفالكم معرفة المواعيد، في حالات الرعاية المشتركة، ورحلات العمل، أو لأسباب أخرى... ووفقًا لنمط حياتكم، قد تستخدم هذه الطريقة بدقة وبتكرار.

الاثنين	الثلاثاء	الأربعاء	الخميس	الجمعة	السبت	الأحد
4 = 2 + 2	4 = 2 + 2	4 = 2 + 2	4 = 2 + 2	4 = 2 + 2		

سبب الاستخدام؟

هل أنتم من الأزواج المنفصلين، ويتنقل أطفالكم بين عدة منازل؟ هل تسافرون بداعي العمل بانتظام؟ هل تزمعون السفر بعد بضعة أيام بدون الطفل؟ هل ينتظر الطفل حدثًا ما على أحر من الجمر؟ قبل بلوغه سن السادسة، لا يستطيع الطفل استيعاب مفهوم الزمن، ولذلك يكرر أسئلته كي يعرف أين سيكون؟ ومتى! هذه الأداة البصرية المخصصة للأطفال دون سن القراءة، تسمح لأطفالكم بأن يحددوا موقعهم مع تغير الوقت.

كيفية الاستخدام؟

المراحل

1. تجد في الكتيب المرفق، برنامجًا وعلامات يمكن تصويرها وقصها.
2. الصق العلامات المناسبة لبرنامج الأسبوع المقبل، باستخدام الغراء أو المغناطيس: الأيام التي يقضيها الطفل مع الأب أو مع الأم، عطلة نهاية الأسبوع مع الجدين، النزهة، ذكرى ميلاده... يمكنكم أيضًا، إن رغبتم، رسم هذا البرنامج.
3. تعليق البرنامج على الثلاجة.
4. يمكنكم إشراك الطفل في ابتكار البرنامج أو تحليل رموزه بعد إعداده. ويشكل البرنامج طريقة دعم، ويسمح للأطفال بمعرفة واجباتهم، وإقامة الحوار وإظهار قدراتهم.
5. يمكن للطفل أن يلصق، كل صباح، مغنطيسًا كبيرًا أو سهمًا على اليوم المناسب. ويمكن أن يلوّن «نشاطات» اليوم المنصرم كي يدرك موقعه في الزمن الحالي.

نصائحي...

- يمكنكم ابتكار برنامجكم الخاص بأنفسكم. وإن كنتم لا تتقنون الرسم، لا تترددوا في استخدام علامات بسيطة جدًا مثل الأقمار والشموس، والاستعانة بالرموز الملونة.
- يمكن تحديث هذا البرنامج أسبوعيًا، أو استخدامه حصريًا في أوقات معينة من السنة.
- يمكنكم إعداد برنامج أوسع يتضمن العطلات الطويلة، مثل شهور عطلة الصيف؛ ومن المهم أن يتضمن النشاطات أو أماكن العطلات (رحلة إلى حديقة الحيوان، البحر، الجبل...)؛ وبهذه الطريقة، فإن الأسابيع التي كانت تبدو لأطفالكم طويلة جدًا بغيابكم، ستتحول إلى وعود باكتشافات وبأوقات ممتعة.
- في حال تكرّر التنظيم الأسبوعي بالشكل ذاته، يمكنكم وضع برنامج دائري الشكل مع سهم مثبت بمشبك، للإشارة إلى اليوم المقصود من الأسبوع. ويصبح بإمكان أطفالكم أن يفهموا دورة الأسبوع، بطريقة أسهل وأوضح.

الطريقة 5

تمكين الأطفال من حمل المسؤولية

تعتبر مواكبة أطفالكم لتحقيق استقلاليتهم هدفًا من الأهداف التعليمية؛ لذلك يحتاجون إلى التوجيه في مناخ من الثقة. إن تقسيم الواجبات وتفصيلها وفق مراحل عملية، يسمح لهم باعتمادها تدريجيًا للوصول إلى الهدف المحدد دون الشعور بالإحباط.

سبب الاستخدام؟

لقد كبر الطفل، وتودون مساعدته لاكتساب الاستقلالية بهدف ترتيب حياته في المنزل والمشاركة فيها. لكنكم لن تحققوا أي نتيجة إذا فرضتم عليه ترتيب غرفته مثلًا، فهذا الهدف ضاغط للغاية، ولذلك يفضل طلب أهداف صغيرة وعملية وقابلة للتنفيذ.

كيفية الاستخدام؟

المراحل

1. **تفصيل المهام** وفق مراحل مختلفة عملية وقابلة للتنفيذ، مثل وصفة الطعام. من أجل ترتيب غرفهم، يمكنكم مثلًا أن تعرضوا عليهم وضع ملابسهم المتسخة في السلة المحددة لها، ثم ترتيب نوع معين من الألعاب، وأخيرًا ترتيب الكتب... يبدو تنفيذ تلك المهام الواحدة بعد الأخرى أكثر فاعلية. أما بالنسبة لواجباتهم، فبيِّنوا لهم كيف يمكن الالتزام بالنصائح الضرورية وتحقيق السكينة (اقرأوا التعليمات - أُنظر الطريقة 9).
2. **المرافقة:** بعد إرشادهم في عملية الترتيب، أو طهي قالب حلوى، أو كيف يعدون عرضًا ما لوحدهم، سيتمكنون فيما بعد من تدبير أمورهم بأنفسهم؛ كونوا متواجدين بجانب أطفالكم دون أن «تؤدوا المهام عوضًا عنهم».
3. **تشجيع** المحاولات والتجارب: إن لم يصلوا إلى النتيجة المثالية مباشرة، فهذا أمر طبيعي. إدخال الكرة في الهدف، عقد الأربطة، فصل البياض عن الصفار... كل هذه الأمور لا يمكن تعلمها مرة واحدة!
4. **الصبر:** سيحتاج أطفالكم للمزيد من الوقت في إفراغ غسالة الصحون من محتوياتها، ولكن إن قمتم بتنفيذ هذه العملية عنهم بتكرار، عندئذ سيتوقعون مساعدتكم دائمًا. لذلك إن تخفيف السيطرة على بعض الأمور يشكل خطوة فعلية بالنسبة لبعض الآباء! السماح لأطفالكم بالنمو واكتساب الاستقلالية من مسؤوليتكم.
5. **الثقة:** يحب أطفالكم الطبخ، ويقترحون عليكم تقديم المساعدة في تحضير الطعام... اسمحوا لهم بأخذ المبادرات (حتى وإن لم يحققوا النجاح دائمًا). ضعوا دائمًا قواعد واضحة، وبيِّنوا لهم طرق ترتيب وتنظيف المكان بعد مشاركتهم بالطبخ. شجعوهم دائمًا على السير في درب الاستقلالية.
6. **تقديم التهنئة** دون أي تحفظات: تفادوا القول «كان بإمكانكم القيام بكذا أو كذا...». تعلموا أن تخففوا سيطرتكم ودعوا الأمور تمر، حتى إن لم تكن النتيجة مثالية، لا بل اذكروا عوضًا عن ذلك نقاط النجاح. إذا واجه أطفالكم المصاعب، خذوا الوقت للتفكير بمعيتهم، لإيجاد حل يساعدهم في حال تكررت المشكلة.

نصائحي...

يختلف كل طفل عن الآخر؛ وكل منهم يكبر وفق إيقاع خاص به. لا يمكنكم توقع الأمر ذاته منهم جميعًا عند بلوغهم السن عينه، ولكن ذلك لا يحول دون مواكبتهم ومرافقتهم على درب الاستقلالية...

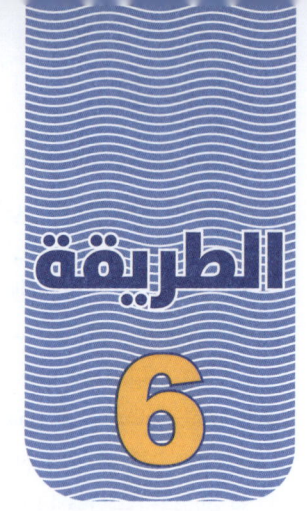

الطريقة 6

المشاركة في الحياة المنزلية

كي يتمكن الطفل من المشاركة تدريجيًا في الحياة الأسرية، من المهم ترتيب المنزل بطريقه تساعده على إيجاد الأغراض التي يحتاج إليها، وأن يعيدها إلى مكانها بسهولة. ضعوا جدولًا بالقواعد والأدوار التي يتشارك كل أفراد الأسرة بتأديتها مداورة. في حال لم يتحمس لفكرة الكنس مثلًا، يمكنكم أن تشرحوا له أن مساعدته لكم ستتيح أمامكم فرصة قضاء الوقت معًا، والقيام بنشاط يحبه.

تحميله مسؤولية أغراضه الخاصة

- تعليق معطفه
- توضيب أحذيته
- توضيب حقيبته
- تجهيز حقيبته
- ترتيب ألعابه في الأماكن المشتركة
- وضع ملابسه المتسخة في المكان المخصص لها
- وضع الملابس النظيفة في الخزانة
- ترتيب غرفته
- تنظيف غرفته بالمكنسة الكهربائية

المشاركة في الحياة الأسرية

- تجهيز المائدة
- رفع الأواني
- تنظيف المائدة
- إفراغ غسالة الصحون
- كنس الأرض بالمكنسة اليدوية أو الكهربائية
- إخراج كيس النفايات
- المشاركة في إعداد الطعام
- المساعدة في أعمال البستنة

سبب الاستخدام؟

المهام لا تتوقف: الغسيل، المشتريات، الطبخ، التنظيف... عندما يكبر أطفالكم، يصبح من المناسب إشراكهم في أعمال المنزل بمزيد من الجدية. يعتبر ذلك جزءًا من التدريب العام على الحياة المشتركة؛ فيخطو الأطفال خطواتهم الأولى نحو الاستقلال، الأمر الذي يلعب دورًا هامًا في تحديد طبيعة علاقاتهم مع الآخرين.

كيفية الاستخدام؟

المراحل

1. **تنظيم المنزل:** تمكين الطفل من الوصول إلى كل الأغراض التي يحتاج إليها؛ ففي المطبخ مثلًا، تأكدوا من أنه يستطيع الوصول إلى موقع الصحون وغيرها من الأواني، كي يتمكن من وضعها على طاولة الطعام أو إعادتها إلى مكانها بعد تنظيفها...
2. **إرساء إطار واضح:** إن فرض «القواعد» رسميًا، سيجعلكم تتفادون العديد من المناقشات. حددوا بدقة توقعاتكم من الأطفال، واحرصوا على توزيع المهام بين الإخوة بعدل، ودوِّنوا توزع الأدوار على اللوح الأسبوعي بوضوح (أُنظر الطريقة 3).
3. **تمكين الطفل ومواكبته:** قليل هو عدد الأطفال الذين يرغبون في مسح طاولة الطعام، أو تنظيف غرفتهم بالمكنسة الكهربائية أو تغليف كتبهم. يكون بعضهم متراخيًا وكسولًا أحيانًا (لا بل مقاومًا!)؛ لكي تتفادوا تنفيذ هذه المهام «بدلًا عنهم»، يمكن أن تتخذوا القرار بتنفيذ تلك الأعمال المنزلية قبل فترة الراحة، وأن تقوموا أنتم بأعمالكم الخاصة، لكي تبينوا لأطفالكم بأنكم تنفذون الدور المطلوب منكم. بالتأكيد، لا يعني ذلك تركهم يتدبرون الأمور لوحدهم.
4. **تثمين أهمية المشاركة:** أظهروا لهم أن المساعدة التي قدموها لكم تسمح بتخصيص أوقات للمتعة واللعب سويًا، أو رواية قصة، أو مشاهدة فيلم...

أفكار مبتكرة

- أن كنتم آباء وأمهات لعائلات كبيرة، يمكنكم إعداد قرص ودونوا عليه أسماء كل أطفال العائلة، وتقومون بلف القرص بعد كل وجبة، كي تختاروا المسؤول عن تجهيز طاولة الطعام، وعن رفع الأطباق عنها، وعن مسحها...
- إن وجدتم أن الطفل ينسى بتكرار بعض أغراضه (مثل حقيبة السباحة أو الرياضة)، يمكنكم ابتكار بطاقة صغيرة تحوي قائمة أو رسومًا للأغراض التي ينبغي تذكرها كل يوم وفقًا لبرنامجه.
- إن كنتم تقضون الإجازة مع الأصدقاء، يمكنكم بالتناوب إعداد جدول توزيع المهام بين الإخوة والأخوات؛ فيكون بعضهم مسؤولًا عن تجهيز المائدة، وبعضهم الآخر عن توضيب الألعاب، وتعطى الأدوار لمتابعة مهام الحديقة أيضًا.

شهادات

«مع أسرتي الكبيرة، يصبح لزامًا على الجميع أن يشاركوا في تنفيذ المهام المنزلية؛ لكن الأهم قبل ذلك نقل القيم الأساسية إليهم. أرغب أن يتحمل كل واحد منا جزءًا من المسؤوليات، وألا يتوقع الأطفال أن نقوم نحن بكل المهام». (رولا، 4 أطفال)

«أنا أم لصبيين وبنت، وأحرص على مشاركتهم جميعًا في الأعمال المنزلية. لا أقبل أن تعتقد ابنتي أن من واجبها تأدية مهام أكثر من إخوتها». (يارا)

الطريقة 7

ترتيب المنزل

لضمان عدم نشر الفوضى في المنزل، يجب أن يكون كل فرد من أفراد الأسرة معنيًا ومسؤولًا عن إبقائه مرتبًا؛ ولكي يتسنى للجميع المشاركة، اتبعوا تلك الحيلتين البسيطتين:

- تحديد مكان لكل غرض
- إرساء طقوس لترتيب المنزل

طقوس الترتيب الخاصة بالأطفال

مرة في الأسبوع

- ترتيب غرفته قبل عملية التنظيف الأسبوعية

كل يوم

- توضيب سريره
- توضيب قطع وأجزاء الألعاب وغيرها
- وضع غسيله المتسخ في السلة
- تعليق معطفه، وتوضيب حقيبته وأحذيته
- لملمة أغراضه المنتشرة في الغرف المشتركة

في الربيع والخريف

- عملية فرز شاملة لأغراضه

سبب الاستخدام؟

يترك الطفل أغراضه منتشرة في أنحاء المنزل. وإن لم تكونوا منظمين بطريقتكم الخاصة، ستجدون أن الحفاظ على ترتيب المنزل في وضع مقبول إلى حد ما صعب جدًا. إليكم بعض التوصيات التي تتطلب بعض المرونة (مع الأطفال)، ولكنها تحتاج أكثر ما تحتاجه إلى المساعدة (من **جميع** أفراد الأسرة).

كيفية الاستخدام؟

المراحل

1. **أدراج للألعاب:** يمكن أن تختاروا لأطفالكم الصغار أماكن لألعابهم، وأغراض يحق لهم اللعب بها (مثل درج في المطبخ يحتوي على علب بلاستيكية...). يمكنهم عندئذ أن يستمتعوا بإفراغ الدرج وترتيبه مثلًا؛ وما إن يكتفوا من استكشاف الدرج بما فيه، يمكنكم إعادة ترتيبه معهم أو من دونهم، إلى أن يحين موعد المرة القادمة. في المقابل تظل المواقع والأغراض والأدراج الأخرى بعيدة عن متناولهم.
2. **لكل غرض مكانه الخاص:** عند سماحكم لأطفالكم بأن يشاركوا في ترتيب المنزل، يجب أن تتيحوا لهم معرفة الأماكن المحددة لكل غرض من الأغراض، وأن تكون في متناولهم.
3. **اعتبار الترتيب لعبة:** يمكنكم إشراك أطفالكم منذ الصغر بترتيب ألعابهم. وبعد انتهاء وقت اللعب، تعرضون عليهم ترتيب ألعابهم، وتباشرون بتدريبهم وتعليمهم عمليًا على ذلك، مع إنشاد أغنية. وتكون تلك اللحظات ممتعة وجزءًا من اللعب.
4. **الجولة في المنزل:** يطلب من كل أفراد الأسرة، كل مساء أو مرة في الأسبوع، وفقًا لمستوى متطلباتكم، القيام بجولة في المنزل لجمع أغراضهم المنتشرة في المنزل وتوضيبها.
5. **ترتيب الغرفة:** عندما يكون الأطفال بعمر صغير جدًا، رتبوا الأغراض في غرفهم وفق تصنيف المجموعات، ما يجعل واحدهم قادرًا على توضيبها في مكانها الصحيح. خططوا لإرساء قواعد للتخزين والترتيب، التي يمكن أن تصير قواعد شاملة للمنزل، ويعلن عنها خلال اجتماعات الأسرة. بالإضافة إلى ذلك، قد يكون ترتيب الغرفة شرطًا مسبقًا لدعوة صديق للعب مثلًا. وكلما كبر أطفالكم، قلَّ دخولكم إلى «مساحتهم الحيوية»؛ قوموا بتمكينهم وجعلهم مسؤولين مع احترام خصوصيتهم في الوقت نفسه: إن أضاعوا غرضًا ما، اتركوهم يبحثون عنه بأنفسهم؛ إن لم يجدوا ما يلبسوه، عليهم أن يجدوا الحل ويفرزوا ثيابهم...

أفكار مبتكرة

ثمِّن حقيقة أنه من الأسهل إيجاد الأغراض عندما تكون مرتبة، ويكون اللعب بلعبة ما أكثر متعة إذا كانت أجزاؤها كاملة...

نصائحي

لا يمكن أن يكون المنزل المليء بالأطفال شبيهًا بمتحف، فاللعب والإبداع لا بد أن يكونا مصحوبين بقدر من الفوضى. وكي لا يتحول منزلكم إلى مكان تسوده الفوضى، قد تستفيد من النصائح. لا يمكن إيجاد نموذج وحيد، ولكل فرد متطلباته الخاصة به، والتي تفرض نفسها، مع قدر يزيد أو يقل من السكينة.

الطريقة 8

التنظيف الموسمي

إن «التنظيف الموسمي» عملية ضرورية، لا بد من إجرائها مرتين إلى ثلاث مرات في السنة، لفرز أغراض الأطفال الذين يكبرون. يسمح ذلك بوضع ما لم يعد نافعًا جانبًا، وترك المجال لغيره. ويمنح التنظيف الموسمي وإعادة تدوير الملابس والألعاب قدرًا أكبر من التنظيم، لا سيما إذا كانت المساحات المتوفرة صغيرة.

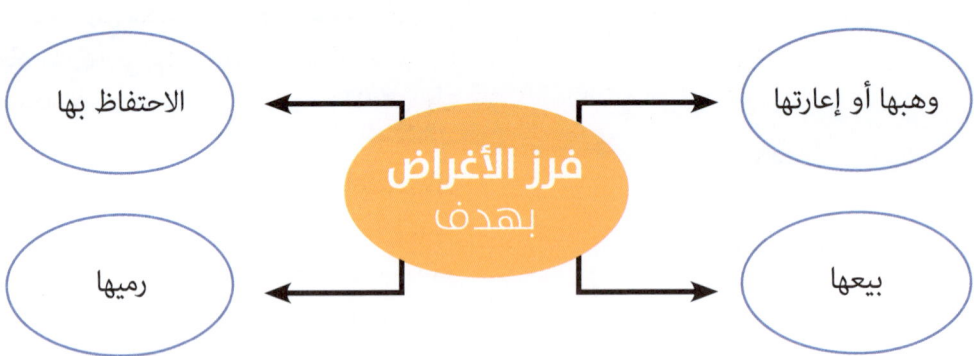

سبب الاستخدام؟

الطفل يكبر بسرعة، وتصير ملابسه قصيرة جدًا، كذلك يهمل بعض الألعاب. وكي لا تزدحم الخزائن وتصبح غرفته مكانًا يستحيل توضيبه، فمن الضروري اعتماد عملية الفرز بانتظام. ومع إجراء «التنظيف الموسمي» في منتصف الخريف والربيع يمكن الإبقاء على ملابس الطفل التي تتماشى مع الفصل، والتخلص من كل ما لا يحتاج إليه. مع وصوله إلى المدرسة الابتدائية، يصير من الضروري إجراء عملية تنظيف إضافية في بداية الصيف أو في نهايته، لفرز الأغراض المتعلقة بالمدرسة قبل الاستعداد للعودة إليها.

كيفية الاستخدام؟

المراحل

يعتبر الفرز المرحلة الأولى، ويجب من بعدها وضع الأغراض في أكياس أو علب كرتونية، وتصنيف محتوياتها بملصقات محددة من أجل:

- **تخزينها** في القبو، أو العلية، أو فوق الخزانة إلى الفصل المقبل، أو إلى أن تصير مناسبة لطفل أصغر سنًا.
- **إعارتها أو تقديمها** لأقارب لديهم أطفال أصغر سنًا؛ وإن أردتم استرجاع هذه الأغراض لاحقًا، فكروا في تدوين أول حرف من اسم طفلكم على بطاقة الملابس أو على علب الألعاب أو على الكتب.
- **تنظيف المخزن أو بيع الألعاب:** يتطلب ذلك الكثير من التحضيرات والوقت في اليوم ذاته، ومن ثم العمل على إعادة تدوير ما لم تنجحوا في بيعه. وإن كان الطفل كبيرًا بما فيه الكفاية، يمكن أن تقترحوا عليه أن يكون مسؤولًا عن البيع مقابل مكافأة مالية.
- **إعادة بيع الأغراض** على مواقع التبادل على الإنترنت: لذلك يجب التقاط الصور للأغراض، وإعداد بطاقات لها، وإجراء عملية التبادل مع البائعين المحتملين، وتنظيم موعد للبيع أو لإرسال الطرود. وقد تكون هذه الطريقة ذات جدوى بالنسبة للأغراض ذات القيمة العالية.
- **التبرُّع** بالأغراض إلى جمعيات خيرية.
- **رمي** الأغراض في المستوعبات المخصصة لها: يشمل هذا الحل الأغراض التي لا قيمة لها، أو التي باتت في حالة سيئة جدًا.

نصائح

- تشير تسمية هذه الطريقة إلى أن فرز كل الأغراض بمثابة الفرصة، لإجراء عملية التنظيف الموسمية الشاملة.
- في حال توفر المساحة الكافية لديكم، يمكن تبديل الألعاب المتوفرة للطفل بالمداورة؛ وبذلك يحصل على متعة إعادة استكشاف لعبة منسية.
- لا ترموا الملابس أو الألعاب دون استشارة الطفل مسبقًا، فقد يكون متعلقًا ببعضها، وإن بدت لكم أنها بلا فائدة تمامًا. اعطوه الوقت الذي يحتاج إليه، ولا تثقوا بالتصنيف المرفق مع الألعاب بحسب الفئات العمرية. وتسهم مشاركة أطفالكم في الفرز في اكتسابهم للقيم (البيئية، ودعم من هم أقل حظًا...) من خلال الشرح لهم بأن تلك الألعاب أو الملابس ستكون «جديدة» بالنسبة لطفل آخر.
- فكروا في الإعارة! يوجد حاليًا أنظمة إعارة للألعاب أو ملابس الأطفال، وقد يسمح ذلك في التنوع المنتظم دون الحاجة لتكديس الأغراض أو رميها.

الطريقة 9

الواجبات المدرسية

لا يتمتع الطفل بالفطرة بمسؤولية إنجاز الواجبات المدرسية، بل يحتاج لمن يكون إلى جانبه خلال السنوات المدرسية الأولى. ويكمن الهدف، في مرحلة أولى، بتوفير كل الشروط التي تساعده على التركيز على درسه (المواد، الهدوء في المكان والوقت المناسبين)، وتشجيعه على قراءة كراسة التعليمات باهتمام.

سبب الاستخدام؟

حبذا لو تتكلل دعوة «اذهب وأنجز واجباتك» بالنجاح تلقائيًا! لكن الأمر ليس بسيطًا. يحتاج الأطفال، خلال سنواتهم المدرسية الأولى إلى صحبة آبائهم. يكون بعضهم قادرًا على تدبير أموره لوحده في منتصف المرحلة الابتدائية، في حين يحتاج بعضهم الآخر إلى المساعدة لفترة أطول.

كيفية الاستخدام؟

المراحل

1. استيفاء الشروط اللازمة كي ينجز واجباته:

- بالإضافة إلى **اللوازم** المدرسية الموجودة في الحقيبة، من المفيد أن يتواجد بين يديه في المنزل دفتر مسودة، ومعجم، وكتيب للقواعد اللغوية، ودليل لرفاق صفه (للتواصل في حال لم يدوِّن الواجبات المطلوبة بدقة).
- اختيار **مكان هادئ** بما فيه الكفاية: تأكدوا بأن تمركز الطفل في غرفة مشتركة من غرف البيت (المطبخ، غرفة الطعام...)، لن يفقده تركيزه بسبب الطلبات والتشويش الخارجي (الإخوة والأخوات، التلفزيون، الراديو، الهاتف...).
- إعطاء الأفضلية **لفترة هادئة**: قد يكون الوقت المثالي لذلك، بعد تناول تصبيرة بعد الظهر، وقبل اللعب، وإن أمكن قبل النشاطات اللاصفية؛ وكل ذلك لتفادي التأخير في إنجاز الواجبات حتى ساعة متأخرة من المساء.
- أخذ **فترة استراحة** لبضع دقائق قبل الاستغراق بالواجبات (أُنظر الطريقة 37).

2. هل صار كل شيء جاهزًا؟ فلنبدأ العمل! لكن ليس كيفما اتفق. في البداية، بيِّنوا له كيفية القيام بالواجبات، وابقوا متفرغين له خلال كل تلك الفترة لإرشاده خطوة بخطوة:

- اطلعوا على المفكرة **لمعرفة ما عليها من واجبات** لليوم التالي (وربما الأيام التالية).
- **اقرأوا التعليمات بانتباه**؛ فهذه المرحلة أساسية.
- **التأكد** بأن الطفل قد أنجز فعلًا واجباته.

3. كلما كبر الطفل في السن، **أعطوه تدريجيًا بعض المساحة** كي يتمكن من تدبير أموره بنفسه. يمكن الجلوس بجانبه وسؤاله: «قل لي ماذا ستفعل؟» ثم تركه يدبر أموره، مع الإبقاء على جاهزيتكم الكاملة عند الحاجة.

نصائحي...

- حركة اليد للكتابة ليست أمرًا سهلًا، فقد تكون صعبة لبعض الأطفال. أدوات الكتابة في غاية الأهمية؛ لذلك لا تترددوا في تجربة عدة أنواع من أقلام الحبر إلى أن يجد الطفل النوع الذي يرتاح في استخدامه، وبالتالي يمكن محو آثاره بالمصحح الخاص للمحافظة على نظافة الدفتر.
- فتشوا مقلمة الطفل بانتظام، كي تضمنوا بأنه لا يفقد أي من لوازمه.
- علموه كيف ينظم أموره، هذه طريقة تعلمه الاعتياد على العمل بطريقة استباقية، إذ عندما يكبر وينتقل إلى المرحلة الإعدادية، ستكون التكليفات بالواجبات مسبقة؛ وبذلك يتعلم الطفل تنظيم أموره وعدم الاكتفاء بإنجاز واجبات اليوم التالي فقط؛ وإن لم يعتد على التنظيم الاستباقي قد «يقع في المصيدة» لأن الوقت غير قابل للضغط.

الطريقة 10

الإدراك والتعلم

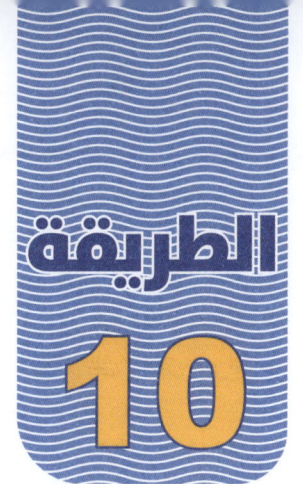

كي تتمكنوا من مساعدة أطفالكم الذين يواجهون صعوبات تعليمية، لا بد أن تكونوا على دراية بملفهم المدرسي الذي يحدد قدراتهم؛ وبموجب ذلك، يصبح بإمكانكم مساعدتهم لإيجاد الوسائل الأكثر فاعلية للعمل.

طرق الإدراك المختلفة

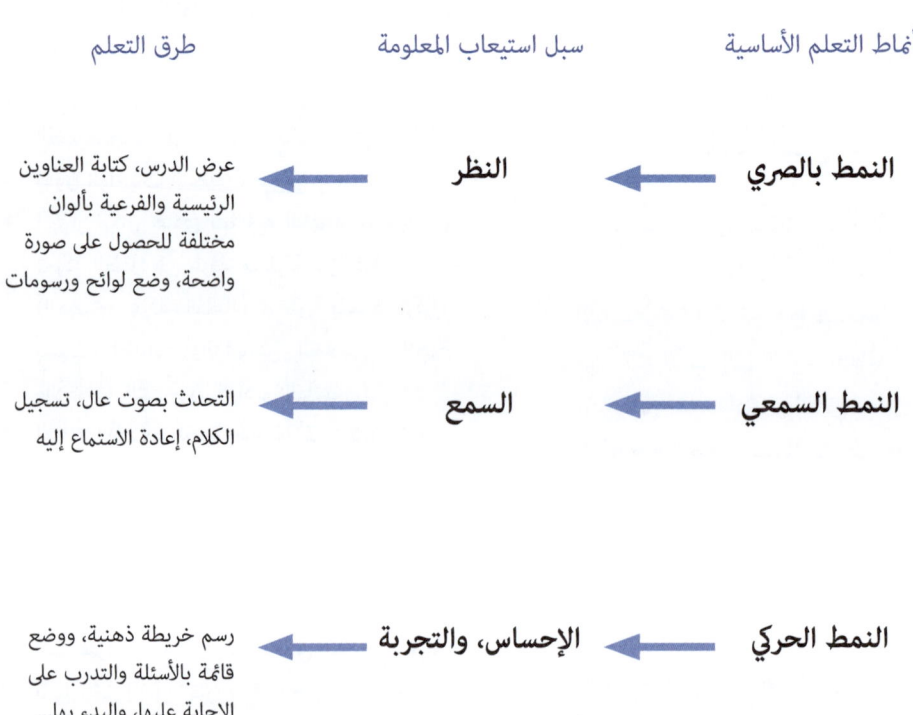

أنماط التعلم الأساسية	سبل استيعاب المعلومة	طرق التعلم
النمط بالصري ←	**النظر** ←	عرض الدرس، كتابة العناوين الرئيسية والفرعية بألوان مختلفة للحصول على صورة واضحة، وضع لوائح ورسومات
النمط السمعي ←	**السمع** ←	التحدث بصوت عال، تسجيل الكلام، إعادة الاستماع إليه
النمط الحركي ←	**الإحساس، والتجربة** ←	رسم خريطة ذهنية، ووضع قائمة بالأسئلة والتدرب على الإجابة عليها، والبدء بها...

تنظيم اليوميات

سبب الاستخدام؟

يستصعب الطفل حفظ دروسه، فتخصصون وقتًا طويلًا لمساعدته على القيام بواجباته؛ ولكن الأمور لا تسير على ما يرام. تنفعلون، فيحصل التوتر، ما يؤثر سلبيًا على علاقتكم به. إنه الوقت المناسب للتعرف على الطريقة التي يتعلم الطفل بموجبها، ويحفظ دروسه. الوضع ليس مأساويًا، ولكن من الضروري أن تأخذوا الوقت الكافي لتحديد الوسائل التي تنفع وتفيد أطفالكم.

كيفية الاستخدام؟

المراحل

1. **قبل تعلم الدرس**، تأكدوا بأن الطفل قد فهمه جيدًا. لذلك يجب أن تطلبوا منه أن يشرحه لكم بكلماته، ويعبر عن الأفكار الواردة فيه، ويعيد صياغتها (شفهيًا أو عن طريق الرسم...). حفظ الدرس عن ظهر قلب دون فهم معناه لن يجعله «يترسخ» في ذهنه؛ ولن يستطيع أن «يعيد استخدام» هذه المعارف التي يكتسبها. لكن بالنسبة لبعض الأطفال وفي بعض المجالات (مثل الشعر، وقواعد الرياضيات...) لا بد من المرور بمرحلة الحفظ عن ظهر قلب.

2. بالاعتماد على الدرس وكتيب الشرح، خذوا الوقت الكافي كي تشرحوا له الدرس مجددًا **باستخدام وسائل مختلفة** (مثل الرسومات، والمخططات، والشروحات الشفهية...). علينا أن نجعل الطفل الذي يعتقد بأنه «لم يفهم شيئًا» يستند إلى ما علق بذهنه منه، وبالتالي سؤاله عن طريقة التدريس المعتمدة في الصف: البحث، الرسوم البيانية، القراءات...

3. اقترحوا على الطفل التدرب على تمرين ما، ثم صححوه سويًا لتحليل أسباب ارتكابه الأخطاء التي ارتكبها. في حال كان عدة أطفال يدرسون الدرس ذاته، يمكن أن يصححوه لبعضهم بعضًا، ويناقشوه معًا. يمكن أن تقترحوا على الطفل أن يلعب دور المعلم أيضًا، ويطرح الأسئلة التي تؤكد فهمه للدرس. فمن يعرف كيف يطرح الأسئلة يكون قادرًا على الإجابة عليها.

4. عند فهم الدرس، يصبح حفظه أكثر سهولة؛ وعلى غرار مرحلة الاستيعاب، لا يفهم كل الأطفال بالطريقة نفسها (وليس بالضرورة أن يرتاحوا للتقنيات التي تجدونها مفيدة). يحتاج بعضهم **لرؤية** الدرس على دفترهم، في حين يفضل غيرهم **كتابته** على دفتر المسودة أو **حفظه شفهيًا** بتسميعه كأنه أنشودة... والأسلوب الأمثل يتمثل في الجمع بين كل هذه التقنيات المختلفة.

5. تأكدوا بأن الطفل يستطيع **استرجاع** معارفه بالطريقة التي سيمتحن فيها (شفهيًا أو كتابة، إجابات متعددة على السؤال، صياغة نص...).

نصائحي...

الطفل الذي يجدُّ في الدراسة لا يعني بالضرورة بأنه طفل ناجح. لذلك إن التعرف على أنماط التعلم الخاصة به يسمح بإيجاد الطريقة أو الطرق الأكثر ملاءمة له. ولتحقيق هذا الهدف، يمكن مراقبة طريقة عمله بانتباه. في الواقع، من المهم عدم عرقلة درب تعلمه بتطبيق طرق تناسبكم، وإنما لا تناسبه بالضرورة.

يصعب على بعض الأطفال البقاء ثابتين في أمكنتهم؛ وخلافًا للفكرة القائلة بأن نجاح التلميذ في الدراسة يستلزم جلوسه في مكان هادئ والمستلزمات أمامه على الطاولة، فإنهم يحتاجون للحركة كي يتعلموا دروسهم.

لمعرفة المزيد

البيئة

تشير الدكتورة «كاثرين غيغوان» إلى أن التوتر يعيق التفكير والتعلم والحفظ. وتلعب البيئة دورًا أساسيًا في نجاح الطفل في دراسته؛ وتحتل وسائل التعليم وطريقة تقبل النتائج المدرسية في المنزل الأهمية ذاتها.

المرافقة

- إن كنتم من الأسر التي تعود متأخرة إلى المنزل، ولا يسمح لكم الوقت بمتابعة الطفل عند تأدية واجباته المدرسية كل يوم، ينبغي الاستفادة من عطلات نهاية الأسبوع للاطلاع عليها. يمكن التعاون مع المعلمة أو المعلم، لكي تبيِّنوا له أو لها كيفية متابعته عند أداء واجباته المدرسية.
- حاولوا، قدر المستطاع، أن تتواجدوا عندما يطلب أطفالكم المساعدة لقراءة الدرس... وإن كانوا ينجزون واجباتهم على طاولة المطبخ، يسهل وجودكم في المكان الإجابة عن أسئلتهم أثناء تحضير الطعام. وحين يصير الطفل قادرًا على إنجاز فروضه بنفسه، استمروا في تخصيص الوقت للاطلاع بانتظام على دفاتره المدرسية وعلى دفتر التواصل.
- كونوا متواجدين خلال الاجتماعات التي تطلبها المدرسة، حتى وإن لم تكن المواعيد مناسبة لكم، واستغلوا الفرصة لمقابلة معلمي أطفالكم بتكرار، وفقًا لما تقتضيه الحاجة (الصعوبة المدرسية، مسائل الانضباط، المشاكل مع الأطفال الآخرين...). ويتيح الحوار كسر الجمود في أغلب الأحيان.
- إن واجه أحد أطفالكم قيودًا وعقبات تعليمية، ورأيتم أن إجباره على الدراسة يثير توتره إلى حدٍّ العجز عن تهدئته، حاولوا أن تجدوا شخصًا ثالثًا يرافقه في دراسته. قد تكون تكاليف توظيف مدرس خصوصي عالية، ولتفاديها يمكن الطلب من شخص مقرب من الأسرة (أخ، أخت، عم، خالة، ابن عم، صديق...). مقابل هذه المساعدة، يمكن تقديم خدمة مناسبة له. ولكن هذه الخطوة لن تكون فعالة، إلا إذا كان الطفل موافقًا عليها، ومشاركًا فيها؛ وإن تمكن من إقامة علاقة ثقة مع ذلك الشخص، قد تسمح له المساعدة بتخطي مرحلة صعبة.

الذاكرة

عدة أنواع من الذاكرة

- الذاكرة العاملة وهي ذاكرة دقيقة.
- الذاكرة طويلة المدى؛ تختزن المعرفة التي يمكن استرجاعها بسهولة (جدول الضرب، الأفعال الشاذة عن القاعدة...)، وعلى عدة مراحل: نتعلم وننسى سبع مرات قبل الاحتفاظ بها في ذاكرتنا.

الحفظ

كي يتمكن طفلك من حفظ درس ما، اقترحوا عليه اجتياز عدة مراحل هي:

1. إعادة قراءة الدرس بهدف ترسيخه في ذهنه.
2. حفظه بطريقته الخاصة (بكتابته، أو إعادة صياغته...).
3. وضع نفسه في حالة الخضوع لامتحان (شفهي، كتابي...).
4. التحقق من معلوماته مع التأكد بأن ما يستحضره يتماثل مع الدرس.

الحفظ مع الوقت

- يتذكر الطفل الذي استمع للدرس ٨٠٪ منه عند خروجه من الصف. من المهم إذًا أن يعيد تنشيط معلوماته في المساء ذاته؛ ولتحقيق هذا الهدف، دعوه يترك دفتره مغلقًا والتفكير بما رسخ منه في ذهنه، ومن ثم يفتح دفتره ليطلع على ما نسيه؛ بعد ذلك يركز على درس ما لم يتذكره.
- عشية العودة من المدرسة، يعيد تنشيط الدرس في ذاكرته مرة أخرى.
- هذه الطريقة تسرِّع التحضير للامتحان.

التعلم مجرد لعبة

أظهر العديد من التربويين المختصين أهمية إجراء التجارب خلال عملية التعلم. وتشدد «سيلين ألفاريز» بقولها: «يتعلم الإنسان بالتجربة وليس بالاستماع». يحظى طفلك بفرصة التجربة وارتكاب الأخطاء وإعادة التجربة من جديد؛ من هنا تأتي أهمية اللعب الحر (أُنظر الطريقة 26) والنشاطات التي تسمح له بالمشاركة في الأعمال اليومية وفهم الدرس باستخدام:

- وصفة الطعام لاستيعاب مبادئ التناسب...
- لعب دور البائع أو البائعة لاستيعاب الجمع والطرح...
- اعتماد كتيِّب للسفر للتعبير عن أفكاره...
- بناء قصر من الرمل لاكتشاف قوانين الفيزياء...

يمكن إعادة استخدام بعض المعلومات المدرسية المكتسبة في الحياة اليومية، لجعلها أكثر واقعية، فيتمكن الطفل من إيجاد معناها. كونوا طبيعيين، فليس من الضروري تحويل الحياة اليومية إلى درس دائم.

الخطط لتنظيم الوقت

إذا لاحظت أن طفلك، وهو يكبر، يخصص الكثير من وقته للواجبات المدرسية، ويجلس طويلًا إلى مكتبه، ويعطيك الانطباع بأنه يدرس كل الوقت، ولكن جهده في الواقع لا يبدو فاعلًا، يمكنكم أن تبيِّنوا له كيف يصبح فعالًا:

- وضع خطة عمل.
- صياغة مخطط عمل لكل مادة دراسية.
- تشجيعه على احترام البرنامج لتخصيص بعض من وقته للعب.

جان فرانسوا ميشيل، «7 أنماط للتعلم» (Les 7 profils d'apprentissage) إيرول، 2013.

أنطوان دو لا غاراندوريه ودانييل أركييه، «النجاح يمكن تعلمه» (Réussir ça s'apprend)، بايارد، 1994.

د.كاثرين غيغوان، «من أجل طفولة سعيدة، أعد التفكير في التعليم في ضوء أحدث الاكتشافات على الدماغ» (Pour une enfance heureuse, repenser l'éducation à la lumière des dernières découvertes sur le cerveau)، روبيرت لافون، 2014.

سيلين ألفاريز، «القواعد الطبيعية للطفل» (Les Lois naturelles de l'enfant), Les arènes, 2015.

2 الغذاء

بناء العلاقات حول المائدة

هل يبدو لكم أن تحضير قائمة الطعام وشراء الاحتياجات، والعمل في المطبخ مهمة ثقيلة عليكم، وعملًا لا يتوقف عن التكرار يومًا بعد يوم؟ هذا أمر طبيعي، لأنه بالإضافة إلى تلك المهام، **يشتمل المطبخ على تحديات أهم بكثير مما يبدو عليه الأمر**. حين نعد قائمة المشتريات، فإننا في الحقيقة نضع اختيارات رمزية، وبأسلوب تفاضلي دون أن ننتبه. في هذا الصدد، يقول «كلود كوفمان» إننا «ننشئ عائلة من خلال وجبات الطعام»، ويشرح أن «تناول الطعام سوية لا يقتصر على التشارك في الطعام بكل بساطة، بل إن تناول الطعام سوية يؤدي إلى تبادل المشاعر أيضًا، وإلى بناء ثقافة مشتركة، وإلى توطيد العلاقات». **وجبات الطعام في صلب الطقوس الأسرية،** إذ تكون الوجبات خلال اليوم من الأوقات الممتعة لمحبي الأكل، وكذلك لحظات للتبادل والاجتماع الأسري. وتصبح هذه الوجبات خلال الأعياد العائلية والمناسبات الدينية جزءًا من الطقوس الاحتفالية. قد لا تكون تلك الاجتماعات مثالية في كل الأوقات، بل قد يشوبها قدرًا كبيرًا من التوتر؛ ولكي يعم الهدوء، من الضروري ألا تضعوا أنفسكم تحت الضغط، توقفي/توقف عن التفكير بأنك «طباخ سيئ أو طباخة سيئة!» وينصح بتعزيز الثقة بالنفس، **وإعادة المتعة من جديد إلى قلب وجبات الطعام**، ولا سيما المتعة الحسية ومتعة نقل وصفة الطعام الناجحة. إن إعداد الأجواء المحيطة بوجبة الطعام لا يقل أهمية عن تحضير الوجبة.
تشكل وجبات الطعام الفرصة لإيقاظ حاسة الذوق لدى الطفل، والقيام بالاختيارات الغذائية، ونقل تقاليدنا الأسرية، وتخصصات مناطقنا وبلداننا، ولا سيما الوطن الأم... فقد انتقلت وصفة الكسكس، والصلصة، وقالب حلوى بالشوكولاتة من الوالدين أو الأجداد، وتحمل تلك الوصفات إرثًا تراثيًا لمحبي للطعام، وتسهم في نقل الذاكرة الأسرية. وتختلف العادات الغذائية إلى حد كبير باختلاف الأسر، فكل فرد من أفراد الأسرة يجلب معه مراجعه الخاصة، وترسي الأسرة الجديدة معايير وطقوس خاصة بها.

وجبات الطعام، أوقات مخصصة للتواصل...

ليس من السهل دائمًا أن نجعل الأطفال يستكشفون طعم الخضار، فذلك يحتاج لبعض الابتكار والتصميم لإيقاد هذا الطعم أو ذاك حاسة ذوقهم. ولإنعاش الوجبات اليومية، احرصوا على طهي الطعام مع أطفالكم، وإشراكهم في اختيار قائمة الطعام، واقتراح وجبات مسلية، وإدراج نكهات العالم المختلفة على الطاولة...وبينت دراسة* بأن الأطفال الذي يأكلون طعامًا صحيًا هم الذين يبنون علاقة عفوية مع الطعام المرتبط بالمتعة. قد يكون تأثير هذه المقاربة الغذاء-المتعة (التي تستند إلى الأحاسيس، وطريقة تقديم الطعام، والمعاني التي تمثلها) على السلوكيات الغذائية للأطفال أكبر بكثير من تأثيرها على التعليم الغذائي. وبالطبع، إن إعداد الطعام اليومي يتناسب مع إيقاع الحياة اليومية المثقلة؛ ولذلك فإن الطرق المقترحة تفتح المجال أمامك **للتنظيم وتوفير الوقت**.

... والمشاركة

- تحضير قالب كيك: في بعض المنازل، تشكل حلوى الشوكولاتة الذائبة أداة حقيقية للمتعة والاسترخاء! وما أن تنتشر رائحتها في المطبخ حتى نشعر بحال أفضل؛ والأمر سيان بالنسبة للأطفال... مع مرور السنوات، يكتسب إعداد قوالب الحلوى في ذكرى الميلاد المزيد من الأهمية؛ وتبقى المفاجأة جزءًا من الطقس الأسري.
- شارك طاولتك: يتيح لك استقبال المدعوين دون الضغط على نفسك، عيش أوقات ممتعة مع الأصدقاء أو أفراد الأسرة بدون الحاجة لقضاء ساعات طويلة في المطبخ.

- قطف الفواكه والخضار: إن ارتياد المزارع لجمع الفواكه والخضار يسمح للأطفال باختبار العديد من الاكتشافات، والاسترسال في متعة القطف والجمع، وإعادة تنشيط العلاقة مع الفواكه والخضار.

المطبخ جزء مركزي في المنزل، إنه مساحة للتجمع والتشارك، حيث يمكنكم إيجاد العديد من الطرق التي من شأنها تنظيم الأسرة، وهو في الوقت نفسه المكان الذي نتبادل فيه الكلمات البسيطة اللطيفة.

الغذاء

الطريقة 11	وجبة الإفطار	36
الطريقة 12	قائمة وجبات الأسبوع	38
الطريقة 13	إعداد الوجبات	40
الطريقة 14	هيا إلى المائدة!	42
الطريقة 15	الوجبة العائلية	44
الطريقة 16	وجبات المناسبات	46
الطريقة 17	وجبة في الطبيعة	48

المراجع

البرنامج الإذاعي La tête au carré، فرانس إنترل، حلقة «حاسة الذوق عند الأطفال» (Le goût chez l'enfant)، 30 نوفمبر 2017.

جان كلود كوفمان (تحت إشرافه)، «عائلات حول المائدة» (Familles à table)، دار أرمان كولين، 2017

الطريقة 11

وجبة الإفطار

يمكن ترغيب الطفل بتناول وجبة الإفطار قبل الذهاب إلى المدرسة، من خلال توسيع المقترحات واستلهام أفكار جديدة من تقاليد دول أخرى، كما يمكن تحضير طاولة الطعام مساء اليوم السابق، وإرساء عادة ممتعة في الصباح. وإن كان من الصعب تطبيق توصيات البرامج الوطنية للغذاء بحذافيرها، فقد يكون من الأسهل إرساء قواعد لتغذية صحية للأطفال بدءًا من سنواتهم الأولى، وصولًا إلى سن المراهقة.

توصيات البرامج الوطنية المعتمدة للغذاء

وجبة إفطار تامر (8 سنوات)

وجبة إفطار ليال (14 عامًا)

سبب الاستخدام؟

يميل بعض الأطفال إلى التهام وجبة الإفطار بسرعة. وتنصح المؤسسات الوطنية المعنية بأمور الصحة بضرورة أن يتكوَّن الإفطار من منتج من الحبوب (الأفضلية لخبز الحبوب المحلَّى)، وحبة فاكهة، وسلطة الفاكهة أو نصف كوب من عصير الفواكه دون إضافة سكر، ومنتج لبني. لكن الطفل لا يشعر دائمًا بالجوع، أو لا يرغب بتناول أي طعام، أو لا يملك الوقت الكافي لتناول الإفطار بكل بساطة.

كيفية الاستخدام؟

المراحل

1. استشيروا الطفل بما يرغب في تناوله. ربما يكون الوقت قد حان للأبناء الأكبر سنًا كي يتوقفوا عن شرب كوب الحليب، وتذوق الشاي أو شاي الأعشاب أو ببساطة عصير الفواكه؛ ويمكن أن يرافقوكم إلى السوبرماركت كي يحصلوا في تلك الأثناء على الأفكار.
2. قد يكون من المناسب الاستئناس بالشعب الألماني الذي يجعل من وجبة الإفطار وجبة كاملة وأساسية. فهذه الوجبة تعتبر بالنسبة لهم فترة مشاركة أسرية هادئة حول قائمة طعام زاخرة ومتنوعة الأطباق: الحبوب، الخبز، الأجبان والألبان، اللحوم، الفواكه... تذكروا أن البيض والموز من «المأكولات الملكية» التي تقدم إضافة غذائية جيدة، علمًا بأنها سهلة الإعداد وطعمها لذيذ.
3. حاولوا إرساء عادة صباحية ممتعة، يتجمع خلالها أفراد العائلة لتناول وجبة الإفطار سوية. طبقوا قاعدة تنص على تفادي إبقاء فضلات الإفطار على الطاولة إلى الوجبة التالية؛ فعلى سبيل المثال، يرفع كل فرد صحنه، وينظف مكانه بعد الإفطار، في حين ينجز أحدكم مهمة ترتيب المائدة بعد مسحها.
4. لا تنسوا تنظيف أسنانكم! يمكن أن تشددوا على الحس الاجتماعي للطفل، بأن تشرحوا له كيف أن الإفطار يغذي البكتيريا التي بقيت في الفم طوال الليل، ما يسبِّب رائحة نفس كريهة.

نصائحي

- إن لم تستيقظوا وأطفالكم في الموعد ذاته، أو إن كنتم ترغبون باستغلال الوقت، يمكن تحضير طاولة الإفطار في مساء اليوم السابق قبل الذهاب إلى النوم. تشجع المائدة المجهزة للجلوس حولها، وترحب بأول المستيقظين.
- اختاروا للطفل وجبة خفيفة يأخذها معه في حقيبته إلى المدرسة لتناولها خلال فترة استراحة الصباح. كونوا حذرين واعلموا بأنه يوجد الكثير من البدائل عن ألواح الشوكولاتة: تفاحة، فواكه مجففة يمكن قضمها بسهولة...
- إن كنتم لا تعيشون مع الطفل خلال الأسبوع، أو إن كان وقتكم في الصباح ضيقًا، يمكن أن تصبح وجبة الإفطار خلال عطلة الأسبوع طقسًا احتفاليًا. يمكن تخصيص الوقت في تلك الأحوال، لإعداد الإفطار معًا، وإدراج وصفات طعام جديدة مستهلمة من «وجبات إفطار من دول مختلفة»: البيض مع اللحوم، البانكيك مع شراب القيقب...

الطريقة 12

قائمة وجبات الأسبوع

إن تحديد قائمة بوجبات الطعام الأسبوعية يتيح اختصار الوقت يوميًا، وتحرير الذهن من السؤال المضني المتعلق بوجبة المساء، وكذلك وضع قائمة بالمشتريات المناسبة للوجبات، والطلب من الشريك في نهاية المطاف الذهاب إلى السوبرماركت. يمكنكم ذلك من الحفاظ على توازن وجبات الطعام لعدة أيام.

وجبات الأسبوع

من.................................

الاثنين عدس
الثلاثاء عجة الطماطم- التونة- سلطة
الأربعاء يخنة الخضار والبيض المقلي
الخميس بقايا الطعام
الجمعة معكرونة
السبت لحم مشوي – البطاطا بالكريمة بيتزا في المساء
الأحد دعوة عند الخالة بقايا وأجبان

قائمة المشتريات

- عدس
- بصل
- لحوم
- عجينة جاهزة
- التونة
- بندورة
- معكرونة
- خس
- فلفل
- باذنجان
- كوسى
- بيض
- ألبان
- فواكه
- بطاطا
- لحمة
- أجبان

2 الغذاء

؟ سبب الاستخدام؟

تعودون من العمل عند السابعة مساء. الأطفال جائعون جدًا ولا تعرفون أبدًا ماذا تعدون للعشاء، ولا يوجد بقايا في الثلاجة. اكتفيتم من تناول الوجبات الجاهزة ولا تتحمل الميزانية طلب وجبة من الخارج، وقد سبق وحضرتم المعكرونة البارحة وترغبون في تناول وجبة مغذية. يمكن للإعداد المسبق لقائمة وجبات الأسبوع أن يجعلكم تتفادون هذه «الأزمة».

كيفية الاستخدام؟

المراحل

1. في المساء السابق لموعد التسوق، خذوا ما يكفي من الوقت للإعداد المسبق **لقائمة وجبات الأسبوع** بطوله وتدوينها. يمكن إعداد لائحة بالمشتريات بالاستناد إلى «قائمة الوجبات».

2. يحتاج الإعداد المسبق لقوائم وجبات الأسبوع للأفكار؛ ولمساعدتكم في ذلك، يمكنكم أن تضعوا **لائحة شاملة بكل الوجبات السهلة التحضير** والاستعانة بها وفقًا للفصول، وما يتواجد في الثلاجة، بالاستناد إلى قائمة «الوجبات اليومية».

3. لا وجود بعد الآن للسؤال اليومي: «ماذا سنتناول على العشاء؟» ستكسبون الوقت وتحتفظون بطاقتكم وتحررون أنفسكم من هذا الاستجواب، وتقتصدون أيضًا. وسيسمح ذلك **بنقل مهمة الوجبة** للمربية، أو الزوج، أو الأبناء إن كانوا في سن مناسبة.

أفكار مبتكرة

- ضعوا قائمة طعام مرجعية مثل «تحضير المعكرونة أيام الأربعاء»، و«الحساء أيام الأحد»، إذ تسهل عملية إعداد قائمة المشتريات، شرط ألا تعتمدوا روتينًا محددًا كل الأيام! وإن أحب الأطفال الوجبة المعتمدة، فإنهم سيتحمسون أكثر بعد تحضير المائدة. أدخلوا حس الخيال ونوِّعوا الوصفات.

- ابحثوا عن أفكار مبتكرة لتوفير الوقت المخصص للمشتريات: اطلبوا مشترياتكم إلى المنزل، أو فليجهزها الموظف المعني ومرُّوا لاستلامها، واطلبوا من الأطفال مساعدتكم في توضيب المشتريات...

نصائحي

- يمكنكم إشراك الطفل في إعداد قوائم وجبات الأسبوع؛ وليختر من بين المقترحات المعروضة (مع التأكد بأن وقتكم يسمح لكم بإعداد الوجبة التي اختارها).

- كي يسود الوجبة أجواء احتفالية، يكفي أحيانًا أن تعد قائمة طعام مبتكرة تعجب الطفل. يمكن إعداد بعض الوجبات (مثل أصابع الدجاج) بسرعة؛ ومنها على سبيل المثال: الكريب، البيتا، البوريتو، الفاهيتا، البايغل، الهوت دوغ، والشطائر في الفرن...لن تكون هذه الوجبات الأكثر توازنًا ولكنها سهلة لأنها تسمح لأغلبنا بإعداد صحن جيد وتؤكل بالأصابع، كما تشير تسميتها Finger food. ويمكن إعداد السلطة المناسبة إلى جانبها من المنتجات الفصلية.

الطريقة 13

إعداد الوجبات

يمكن لأمسياتكم أن تكون هادئة طوال أيام الأسبوع إن طبقتم النصائح التالية:

- كونوا استباقيين وحضروا جزءًا من الوجبة في اليوم السابق.
- سهلوا على أنفسكم، وأعدوا وجبات بكميات مضاعفة، واحفظوها في الثلاجة.
- أشركوا كل أفراد الأسرة في هذه المهمة.

مكونات الوجبات المجهزة مسبقًا

إعداد خلطات لا نهائية

النشويات والبقوليات	الخضار	البروتين	التوابل
الباستا	الطماطم	اللحوم الباردة	صلصة الخل
الأرز	الخيار	الدجاج	زيت وخل
البرغل	الفجل	السلمون المشوي أو المدخن	صلصة الصويا
البطاطا	الخس	التونة، أو سمك الإسقمري	الأعشاب العطرية
السميد	الهندباء البرية	أو السردين ...	حبوب دوار الشمس، الصنوبر...
العدس	براعم فول الصويا	البيض المسلوق	
الكينوا	الفاصوليا	الجبنة	
الحمص	البازلاء		
الذرة	البروكولي		
الفول	الشمندر		

سبب الاستخدام؟

من الهام أن تجتمع العائلة للمشاركة في وجبة العشاء على مدار الأسبوع، فهذه الأوقات تبدو لكم قيِّمة لأنكم تأكلون وجبات سريعة وصغيرة ظهرًا، ولأنكم تحبون الطعام.... لكن وقتكم محدود، ولا يسمح لكم بتمضيته معًا في المطبخ.

كيفية الاستخدام؟

المراحل

1. **كونوا استباقيين**: في اليوم السابق، أثناء تحضير وجبة الطعام، اطبخوا خضارًا أو نشويات لليوم التالي، واحفظوها في علب بلاستيكية في البراد؛ هكذا يمكنكم استخدامها مساء اليوم التالي لإعداد السلطة، أو طبخها مع الجبن في الفرن، أو طهو الحساء منها...
2. **طبخ كميات مضاعفة**: عند تحضير الوجبات، ضاعفوا الكمية كونها لا تحتاج لوقت إضافي؛ بذلك يمكن حفظ الكمية الإضافية في الثلاجة استعدادًا لفترة تكون مثقلة بالمشاغل. في الوقت نفسه، إن كنتم قد أعددتم كميات كبيرة ولا يحب أطفالكم أكل بقايا الطعام، يمكنكم حفظها في الثلاجة، وإعادة وضعها على المائدة لاحقًا.
3. **إشراك أفراد الأسرة الآخرين** (الوجبات التجميعية): لديكم على الطاولة مجموعة من المأكولات، النشويات المطبوخة الباردة أو المحتفظة بدفئها، خضار نيئة أو مطبوخة، بروتينات وتتبيلات. يختار كل فرد من الأسرة القليل من كل شيء، ويجمعها على ذوقه. وينبغي مراقبة توازن محتوى الأطباق لتفادي الإفراط في البروتينات والتتبيلات. بذلك تكونوا قد منحتم أطفالكم مسؤولية المشاركة في إعداد أطباقهم وتشكيل محتواها، وبالتالي ساهموا في إعداد الطعام، وتعلموا أن يخدموا أنفسهم لتسكين جوعهم. وكي يكون محتوى الصحن متوازنًا، يجب التعريف بالمأكولات «الإجبارية» أو الحد الأدنى من المحتويات أو الألوان. ويناسب هذا النوع من الوجبات الأطفال ابتداء من سن 6 سنوات. لكن إذا كانت أسرتكم كبيرة وأصغر أطفالكم في سن الثالثة، يمكنكم اختيار الوجبات التجميعية مع تقديم المساعدة لهم.

أفكار مبتكرة

أشركوا الطفل في تحضير وجبة الطعام، كي تحفزوا فضوله وذوقه، ويتيح لكم ذلك قضاء الوقت سوية. خلال أمسيات الأسبوع، حتى وإن كنتم مستعجلين، يمكنكم أن تطلبوا منه تقطيع المأكولات (الطماطم، الخيار، الجبنة...)، ويمكن أن يقتصر إعداد وجبات كاملة سويًا على عطلات نهاية الأسبوع، ويكون الوقت متاحًا لكم بحرية أكبر.

شهادات

«إعداد الطعام يوميًا مهمة صعبة، ولكنها توفر لنا خلال العطلات أوقاتًا ممتعة نقضيها كأسرة بعضنا مع بعض». (دينا)

«إن إعداد الطعام ليس عبئًا بل هو متعة؛ وحين تبدأ رائحة الطعام بالانتشار في المنزل، ينضم الأطفال إلي في المطبخ للتحدث معي». (آية)

«أحب إعداد الطعام في المساء، فهذا يسمح لي أن أفرغ ذهني من كل المشاغل، وألا أفكر بالعمل». (ربيع)

الطريقة 14

هيا إلى المائدة!

اخترتم قائمة الطعام، وأصبحت الوجبة جاهزة، ولم يبقَ سوى تحضير الطاولة والجلوس حولها. يمكن الاستعانة بحيل بسيطة من شأنها أن تشرك أفراد الأسرة الآخرين، وإضفاء أجواء احتفالية حول المائدة يوميًا، كي يصبح وقت تناول الوجبات موعدًا سعيدًا يجمع الأسرة.

سبب الاستخدام؟

تحتاج احتفالية وجبة الطعام بدءًا من إعدادها، وحتى تحضير الطاولة قبل الجلوس حولها، إلى تنظيم واع إلى حد ما. يمكن إحداث الفارق في هذه الاحتفالية العائلية، إرضاءً لأفراد الأسرة، وبغية إضفاء بعض المرح على الأجواء. يكفي أحيانًا تطبيق حيل صغيرة لإضفاء البهجة، حتى وإن لم تكن قائمة الطعام استثنائية.

كيفية الاستخدام؟

المراحل

1. **تحضير المائدة**: يمكن للأطفال الصغار المشاركة في الحياة المنزلية عمومًا، وفي المطبخ على الأخص: تحضير المائدة ومسحها بعد رفع الأطباق، والمساعدة في إعداد الطعام. إنها أوقات تجتمع فيها الأسرة في المطبخ، ويشارك كل فرد أثناءها في تمضية لحظات ممتعة، إذ أنها مناسبة للمشاركة وتبادل الأحاديث عن اليوميات...

2. **تدوين قائمة الطعام**: يمكن أن تدونوا قائمة الطعام يوميًا على لوح أسود أو أبيض؛ وفي حال عدم وجود اللوح، يمكن أن تطلبوا من أحد أطفالكم خلال الأمسيات كتابة قائمة الطعام وتزيينها (مهما كانت بسيطة).

3. **إضفاء أجواء احتفالية**: تحرصون عند استقبال الضيوف على تزيين المائدة، فلماذا لا تقومون بذلك بوتيرة أكبر لوجبات العشاء؟ سيستمتع الأطفال بتحضير الطاولة بأنفسهم عند استخدام «الأطباق المميزة» والمناديل الجميلة... يمكن إتمام تزيين الطاولة بالشموع أو بشموع تسخين الطعام.

4. **تغيير الأجواء**: يكفي لتحقيق هذا الهدف، أن نغير موقع تناول الطعام، وعدم تناوله في المطبخ. يمكن إعداد بوفيه (مائدة مفتوحة) في غرفة الضيوف (والجلوس على الوسادات أو على كراس صغيرة). ستنال منكم الدهشة حين تكتشفون أن تغيير مكان تناول الطعام يمكن أن يخفف ثقل الأجواء بلمسة ساحرة!

أفكار مبتكرة

- يندر أن يستجيب الأطفال بسرعة لنداء الانضمام إلى المائدة؛ ولتحفيزهم على الاستجابة، يمكن إرساء قاعدة بسيطة: آخر من يلبي الدعوة سيكون مسؤولًا عن مسح طاولة الطعام.
- لتغيير الأجواء، يمكن أن تقترحوا بين الحين والآخر على الجميع تغيير أماكنهم.

شهادات

«أعشق الأوقات حين نكون جميعًا منهمكين في المطبخ نعد الطعام سويًا، حتى لو كانت مساهمة الأطفال بسيطة. إن إشراكهم في ذلك يجعل من الممكن تجنب الاستماع لاعتراضاتهم على قائمة الطعام، ويتعرفوا على الجهد الذي يحتاجه إعداد هذه الوجبات...». (جيهان)

الطريقة 15

الوجبة العائلية

وجبة العشاء توفر فرصة لاجتماع الأسرة، إلا أن الأجواء الهادئة لا تسودها دائمًا؛ فكل فرد من أفرادها يعود إلى المنزل متأثرًا بتوتر وتعب اليوم، وقد لا يكون مسرورًا أو بمزاج يسمح له بتبادل الأحاديث على الدوام. من المهم تفادي إثقال الأجواء وتنظيم الحديث، بما يتيح لكل فرد فرصة للتعبير والكلام. أما إذا ساد العشاء جوًا متوترًا، فمن الأفضل تغيير الموضوع؛ ويمكن للاجتماع العائلي أن يتم في وقت آخر.

أفضل
أن أتناول الطعام
بدون والديّ، لأن الأجواء تكون
أهدأ. يعود والدي من عمله، ويكون
في قمة التوتر، وأول ما يطلبه منا هو رؤية
العلامات المدرسية. أما والدتي فتطبق مهام
الشرطي خلال العشاء لكي نحسن التصرف.
تكون الأجواء أفضل عند جلوسهما على
الكنبة بجانبنا، وليس أثناء تناول
الطعام معنا.

لدينا
أربعة أطفال
بأعمار مختلفة؛ يميل أكبرهم
لقطع كلام إخوته الصغار لأنه
يعتقد بأن التحدث عن الإرشاد أهم من
الكلام عن ألعاب فترة الاستراحة. نحاول
جاهدين أن يحظى كل واحد منهم بدوره
في الحديث. وإذا لم نتمكن من إنهاء
نقاش متعمق خلال الوجبة، يمكننا
متابعته لاحقًا.

الخطأ الأسوأ الذي ترتكبه الأسرة يكمن في الخلط بين المائدة وطاولة المفاوضات؛ فلحظات مشاركة الطعام أكثر قيمة بكثير من أن نخاطر بهدمها.

سبب الاستخدام؟

إن الصورة التي تظهر أسرة مجتمعة حول المائدة بهدوء خرافة من الخرافات! تقتصر «وجبة» الصغار في السن على زجاجة الحليب أو كوب من الطعام المطحون، ويحتاجون لتناول هذا الطعام باكرًا. ويجلس الأطفال حول طاولة الطعام حين يكبرون، وإنما قبل عودة كل أفراد العائلة إلى المنزل بسبب نشاطات ما بعد المدرسة، والوقت الذي يقضونه في التنقل والزحام ورحلات العمل ... إلخ. لذلك عند الاجتماع في نهاية المطاف، قد تتداخل الكلمات ويرتفع مستوى التوتر بسبب التعب وضغوط النهار، وأحيانًا بسبب قائمة الطعام.

كيفية الاستخدام؟

المراحل

1. **الانطباع عن قائمة الطعام:** قد لا يتحمس الأطفال للوجبات المحضرة، وربما يتحول ذلك إلى عراك بين الأهل والأبناء. قد يستغل بعضهم قلق الوالدين اللذين لا يرغبان بمشاهدة أولادهم يتركون المائدة بمعدة خاوية، علمًا أن الطفل الذي لم يأكل جيدًا سيعود ويملأ معدته في الوجبة التالية (حكمة الجدة!).
   - يتطور حس الذوق لدى الطفل تدريجيًا، فلا تستسلموا أمام رفضه الأول لتناول البروكولي مثلًا.
   - تفادوا الإفراط في ملء طبق الطفل، والأفضل أن يضيف الطعام لطبقه على أن يترك نصفه ملآنًا.
   - تجنبوا الملاحظات السلبية (أفضلها «الطعام ليس لذيذًا»)، واطلبوا من الطفل إبداء ملاحظاته بصيغة المتكلم: «أنا لا أحب...».
   - لتخفيف حدة التوتر، يمكن اتباع استراتيجية استباقية بإعداد طبق حلوى يعقب طبقًا تعرفون بأنه لن يحظى برضا الأطفال، أو تحضير أطباق يحبونها في الأيام التي تعرفون أنها ستكون متعبة لكم.
   - خذوا بعين الاعتبار الاحتياجات الخاصة لكل طفل، فقد تختلف شهيتهم من فصل إلى آخر.

2. **تبادل الأحاديث أثناء الطعام:** عندما يرغب الجميع بالتحدث في الوقت ذاته، قد يكون مفيدًا إرساء بعض القواعد لكي يحصل الجميع على فرصة للتعبير. يمكن استخدام مبدأ عصا الكلام؛ فمن يحصل على العصا (سواء كانت رمزية أو فعلية) يستطيع الكلام، ومن ثم ينقل العصا والكلام للشخص التالي.

شهادات

توجد بدائل كثيرة لوجبة العشاء العائلية: الأهم في ذلك الاجتماع الأسري وتبادل الأحاديث أكثر من الاحتفالية التي لا تسير كما ينبغي، وقد تكون أحيانًا مصدرًا للتوتر.

«أثناء عشاء الأطفال، أحضر وجبة الغد أو أغسل الأواني المتسخة غالبًا، ومن ثم أجلس لتناول الطعام بهدوء بعد أن يكونوا قد خلدوا للنوم». (إيمان)

«أعود إلى المنزل متأخرًا فلا أتمكن من تناول العشاء مع الأطفال، ولكننا نتناول وجبة الإفطار معًا». (رامي)

«يعيش ابني مع والده خلال الأسبوع، ولذلك اعتدنا أن نحضر وجبة إفطار/غداء كبيرة صباح يوم الأحد عند لقائنا جميعًا». (لميس)

الطريقة 16

وجبات المناسبات

تنظيم وجبات المناسبات يتطلب جهدًا كبيرًا، ولتفادي الشعور بالتوتر في اللحظات الأخيرة، فإنكم تحتاجون إلى:

- قدر كبير من الإعداد المسبق.
- قدر قليل من المرح.
- بعض المساعدة.
- والكثير من الحب!

سبب الاستخدام؟

تتخلل السنة مناسبات وأعيادًا، توفر فرصًا لاجتماع الأسرة، والتشارك بوجبة احتفالية؛ حتى إن كنتم لا تتقنون الطبخ جيدًا، لا بد أنكم ترغبون في ترك أثر طيب لدى الآخرين. فما هي الطريقة التي يمكن اتباعها كي تكون الوجبة ناجحة، مع تفادي قضاء الجزء الأكبر من الوقت في المطبخ؟

كيفية الاستخدام؟

المراحل

1. اختاروا **قائمة** وجبات تتقنون تحضيرها، ويمكنكم إعدادها مسبقًا (ابتعدوا عن اللحم الذي يحتاج للتقطيع، أو الأطباق التي تحتاج للترتيب في آخر دقيقة...). يجعلكم ذلك تستمتعون بزواركم ومدعويكم.
2. أعدوا **لائحة مشتريات** دقيقة.
3. بناء على المناسبة الاحتفالية، يمكنكم ابتياع بالونات، وزينة، وشموع... **فالزينة** تضفي أجواء جميلة!
4. يمكنكم أن تقترحوا على أحد أطفالكم أن يكتب أو يزين قائمة الطعام، وسيفخر أطفالكم فعلًا بمساهمتهم في إعداد الحفل. احرصوا على تدوين أسماء المدعوين وتوزيعها على المائدة.
5. **حضروا أكبر** قدر من المهام في الليلة السابقة، كي لا تغرقوا بالأعمال في اليوم نفسه.
6. اطلبوا المساعدة قبل الوجبة وخلالها وبعدها، بتعيين مهمة محددة لكل واحد من الأطفال. وإن كان عددكم كبيرًا وكانت الوجبة تتضمن عدة أطباق، يمكن عرض قائمة تتضمن المهام الواجب تنفيذها في وقت محدد والمسؤول عنها.

أفكار مبتكرة

- إن كان المدعوون مجموعة من الأطفال من عمر 4 إلى 12 عامًا، فالبوفيه (المائدة المفتوحة) هو الأسلوب الأمثل. يفضل الأطفال غالبًا اللقيمات والحلويات الصغيرة أكثر من أطباق اليخنة، ويمكنهم تناول القدر المناسب لشهيتهم، وترك الطاولة للعب متى رغبوا بذلك. يمكن لبوفيه الأطعمة الباردة أن يحول دون تسخينها في اللحظة الأخيرة، وإن اخترتم أطباقًا يمكن تحضيرها في اليوم السابق، ستوفرون الوقت والطاقة لإنهاء التحضيرات لوجبة الكبار (في حال قررتم تحضير وجبة أخرى للكبار).
- فكروا مسبقًا وجيدًا بفكرة انضمام الأطفال لمائدة الكبار (هذه ليست هدية تقدمونها للصغار ولا لآبائهم، فهم يستمتعون أكثر بالحفلة إن كان بإمكانهم التحرك بهدوء...).
- لا تترددوا في بذل المزيد من الجهد والاهتمام، حتى وإن كانت المناسبة «مجرد» ذكرى ميلاد طفل، وكان عددكم صغيرًا.

شهادات

«والدتي من المهاجرين المغاربة، لذلك يشكل الكسكس الوجبة الأبرز في أيام الأعياد. ونشعر أثناء إعداده بشعور جميل، إنه شعور السعادة. كل العائلة تشارك في تحضيره، وكلنا نشعر بالفرح قبل وبعد....». (مليكة)

«أسرة زوجي ليست من النوع الأكول، لذلك تتألف وجبات الأعياد من الدجاج والبطاطا المقلية. كنت أجد ذلك مثيرًا للكآبة، جعلتهم يختبرون وجبات احتفالية مختلفة، فأحبوها حبًا كبيرًا!» (فادية)

الطريقة 17

وجبة في الطبيعة

يمكن لوجبة النزهات، التي تسمح لنا بالأكل السريع خلال رحلة أو سفر، أن تتخذ أجواء احتفالية. تلغي هذه الوجبات الرموز التقليدية المرتبطة بالطعام (الجلوس حول المائدة، رفع الكتفين، وعدم الأكل بالأصابع...) وهذا الوضع الاستثنائي يُشعر الأطفال بسعادة عارمة. تكون الوجبات في الطبيعة مناسبة لتنظيم اجتماعات غير رسمية أيضًا.

سبب الاستخدام؟

سواء كنتم في رحلة أو زيارة، تودون الاستمتاع بسهرة ليلة صيف جميلة، تحتفون بذكرى ميلاد طفل أو بمناسبة أسرية، فالوجبة في الطبيعة عملية جدًا... وجبة ريفية على مفرش أبيض على طريقة «كارين بليكسن» في فيلم Out of Africa تتضمن شطائر سريعة التحضير، ومجموعة كبيرة من الأطعمة الأخرى المناسبة!

كيفية الاستخدام؟

المراحل

1. إن كان منزلكم صغير الحجم، فالنزهة تعطيكم المجال **لجمع عدد كبير من الناس** من مختلف الأجيال والشرائح العمرية، دون القلق من الضوضاء والفوضى. قد يصبح ذلك خيارًا لمناسبة عائلية، ولا تنسوا التفكير بجلب الكراسي للكبار في السن، وخيمة في حال هطول الأمطار...
2. إنها مناسبة لدعوة الأصدقاء بعيدًا عن إجهاد تحضير الطعام وإعداد المائدة، وبالتالي يمكنكم تنظيم **حفلة غير رسمية** يشارك فيها الجميع، ويحضر كل منهم طبقًا من إعداده.
3. بالنسبة للأطفال، إنها **وجبة مرحة** (تؤكل بالأصابع) وتتيح للجميع تناول ما يرغبون به، وهي مناسبة للعب بحرية في الهواء الطلق أيضًا.
4. الوجبة في الهواء الطلق كما نريدها أن تكون: إن كنتم من النوع الأكول، لستم مضطرون للإذعان للقواعد التقليدية (بيض مسلوق، بطاطا مقلية، سندويشات، سلطة الأرز)، يمكنكم تحضير الأكلات المعدة في الفرن أو سلطة لذيذة. في جزيرة لا ريونيون الفرنسية، تعتبر وجبات النزهة طقسًا احتفاليًا يتشارك المجتمعون خلاله طبقي الكاري والنقانق، كما في المنزل!

أفكار مبتكرة

إن تنظيم نزهة غير متوقعة للأكل في الطبيعة مساء يوم في الأسبوع، في المنتزه أو في الحديقة أو حتى في غرفة الضيوف إن لم يكن الخروج متاحًا، توفر تغييرًا مفيدًا ومثيرًا للمرح. بعد قضاء يوم صعب (تعب، إرهاق، توتر، انخفاض المعنويات...) ومع انعدام الطاقة أو الرغبة، قد يمنحكم هذا التغيير نفحة من الهواء المنعش والمريح.

شهادات

« تعتبر وجبة النزهة إيذانًا ببداية العطلة بالنسبة لنا، فلا يمكن السفر بدون مبرِّد أو شطائر، وهذا يجنبنا الوقوف بانتظار دورنا في مطاعم الوجبات السريعة، حين تكون مزدحمة بسبب بداية العطلة. كل ما علينا فعله هو الابتعاد عن الطرق الرئيسية واختيار زاوية لطيفة». (سماح)

« واجهتنا بعض الصعوبة عند نظيم حفل ذكرى ميلاد ابني في شقتنا الصغيرة، لذلك قررنا الاحتفال في المنتزه. وضعنا الزينة والبالونات في الزاوية المختارة، ونظمنا لعبة البحث عن الكنز؛ وعند انتهاء الحفل، دعونا أهلنا وأصدقاء الأطفال لمشاركتنا وجبة كبيرة». (عادل)

3 التبادل والتواصل

«أقف فوق مكتبي كي لا أنسى بأنه من الضروري أن أرى الأمور دائمًا من زاوية مختلفة».

مجتمع الشعراء الموتى

تخصيص الوقت

سعادة، حزن، ارتياح، غضب، توتر، اندهاش... منذ الأيام الأولى من عمر الطفل، وصولًا إلى مغادرته عش الأسرة، مرورًا بسنوات الطفولة الأولى والمراهقة، تمر العلاقات العائلية بتأرجح عاطفي.

تشدد «إيزابيل فيليوزات» على أهمية الاستماع: «الإنصات يشمل إرجاع صدى العاطفة، كي يشعر الطفل بأنه مقبول كما هو، وبأنه مسموع بقوة. ولا يقتصر الأمر على الاستماع إلى الكلمات، بل إلى صداها بالقدر نفسه».

تبين الدكتورة «كاثرين غيغوان» أن تبادل الحنان، لا سيما اللمس، يؤدي إلى إفراز هرمونات الراحة النفسية (أوسيتوسين، أندورفين، سيروتونين). اللمس هام جدًا، خصوصًا بالنسبة للأشخاص الأكثر ضعفًا وحساسية (المواليد الخدج، المصابون بالاكتئاب، المراهقون...).

من الضروري أن نحاول إبقاء قنوات الاتصال مفتوحة في حياتنا اليومية، خصوصًا حين يكون التواصل صعبًا، وخذوا الوقت الكافي لـ:

- **تعديل طرق التواصل** بما يتناسب مع الطفل واللحظة الآنية: اللمس، الإيماءات، الحوار، الكلام المكتوب...
- **تعديل المناسبات**: عدلوا مناسباتكم بما يتماشى مع احتياجاتكم، إن كانت فردية أو جماعية وفي أماكن مختلفة (المطبخ، غرفة الضيوف أو أي غرفة أخرى).
- الاستلهام من أدوات التواصل غير العنيف.

يمكن للتغييرات الصغيرة أن تضفي تغييرًا على العلاقات، فحين يتصاعد مستوى التوتر تدريجيًا أثناء العشاء على سبيل المثال، قد يكون من الضروري تفادي التحدث بالمواضيع التي تسبب الغضب، وتأجيل النقاشات الجدية إلى موعد لاحق.

شهادات

«أعتقد أن التحدي الذي تواجهه الأسرة اليوم يكمن في تقبل العلاقات التي يحتاج إليها كل فرد من أفرادها بمختلف أشكالها: بين الوالدين والطفل، بين الزوجين، بين الإخوة والأخوات، وعلاقات الأسرة بالخارج (دون التطرق للوقت الذي يحتاجه الشخص لنفسه!). ومن الهام إذن التمكن من تخصيص الوقت لهذه العلاقات المتنوعة، وبرأيي، الحل موجود في التنظيم وإرساء الطقوس». (لمى)

التبادل والتواصل

الطريقة 18	إلى اللقاء	52
الطريقة 19	اللقاء المسائي	54
الطريقة 20	الاستماع والمحادثة والتواصل مع الطفل	56
الطريقة 21	الكلمات اللطيفة	60
الطريقة 22	الحديث الخاص وجهًا لوجه	62
الطريقة 23	جلسات الألعاب الجماعية	64
الطريقة 24	التوتر بين الأخوة	66
الطريقة 25	اجتماع العائلة	68

المراجع

د. كاثرين غيغوان، «من أجل طفولة سعيدة. إعادة التفكير بالتعليم في ضوء الاكتشافات الأخيرة عن الدماغ» (Pour une enfance heureuse, repenser l'éducation à la lumière des dernières découvertes sur le cerveau)، روبيرت لافون، 2014.

إيزابيل فيليوزات، «في صميم مشاعر الأطفال العميقة» (Au coeur des émotions de l'enfant)، جان كلود لاتيس، 2013.

الطريقة
18

إلى اللقاء

انفصال الطفل عن أهله من المحطات الهامة في حياته، ويكتسب الأهمية ذاتها لدى الآباء والأمهات. ويستدعي هذا الانفصال تحضيرًا يتضمن كلمات وإيماءات ولوازم؛ ومن الضروري تركيز الانتباه يوميًا على تلك الأوقات الانتقالية.

سبب الاستخدام؟

هل تستعدين للعودة إلى العمل بعد انتهاء إجازة الأمومة؟ بعمر السنتين، هل أصبح طفلك مستعدًا للذهاب إلى الحضانة للمرة الأولى؟ هل اقترب موعد انتقاله إلى المدرسة الابتدائية؟ من الطبيعي التخوف من تلك المراحل الجديدة في حياة طفلك، لكن العديد من الوسائل تسهل الانفصال.

كيفية الاستخدام؟

المراحل

1. **التواصل:** تخصيص الوقت لشرح ما الذي سيحصل خلال اليوم، وذكر التفاصيل المختلفة، وصولًا إلى موعد اللقاء مجددًا... لا تترددوا في التحدث مع الطفل حتى وإن كان صغيرًا جدًا، فلا تعتقدوا أنه غير قادر على الاستيعاب بعد.
2. **التحضير:** يوجد وسائل دعم يمكن أن ترافق الطفل خلال انفصاله عنكم، وأثناء غيابكم عنه (اللعبة المفضلة بالطبع، أي غرض آخر يحمل رائحتك، ألبوم صور صغير...). يمكن للمربية المسؤولة عن الطفل أن تتحدث عنكم في غيابكم، وبدوركم يمكنكم أن تتحدثوا عن المربية عندما تكونوا بصحبته.
3. **تخصيص الوقت:** يعتبر اعتياد الطفل على الذهاب إلى الحضانة، أو وجوده مع مربية في المنزل، مرحلة أساسية للطفل ولكم أيضًا.
4. **حذار من التسرع:** من الهام جدًا أن تعطوا أنفسكم وأطفالكم الوقت الكافي صباح كل يوم للاستعداد بهدوء، ومشاطرة أوقات حميمة (تدليل، رواية قصص...). قد يترافق ذلك مع مهام بسيطة للاستعداد: الإفطار، تغيير الملابس...

- **التوديع:** لا تتركوا المنزل أبدًا دون توديع الطفل (بحجة أنكم لا ترغبون بإثارة حزنه).
- **تبادل المعلومات:** إن الفترات الانتقالية هامة؛ خذوا الوقت الكافي للتحدث مع الشخص الذي سيهتم بالطفل، أو كان يهتم به، لمعرفة كيف قضى ليله أو نهاره.

نصائحي

- الانفصال هو التحدي الفعلي للوالدين. خذوا الوقت الكافي كي تعبروا عن مشاعركم بكلمات مناسبة (الحزن، القلق...)؛ إن سماع الكلمات واستيعابها سيساعدكم على معرفة كيفية تخفيفها وتسكينها: الثقة بأن الطفل سيقضي يومًا جيدًا، سيجعلكم تعودون إلى العمل مع الشعور بالسعادة، وستقضون مع طفلكم أوقاتًا مميزة لاحقًا...
- ألعاب «الاختباء» التي يحبها الصغار تسمح لهم باختبار الشعور بوجود الأهل الدائم قربهم، وبأنهم سيكونون حاضرين حتى عندما لا يرونهم.
- قد تكون أوقات الانفصال صعبة خلال الفترات الانتقالية، وأثناء بعض مراحل تطور الطفل أيضًا. تحلُّوا بالصبر واستمعوا دائمًا للرسائل التي يرسلها لكم.
- أطيلوا فترة تناول زجاجة الحليب، حتى وإن كبر الأطفال، فذلك يسمح بالحفاظ على ترابط مميز. هذه ذريعة لأخذ ما يكفي من الوقت لتدليل الطفل قبل بدء اليوم.

الطريقة 19

اللقاء المسائي

لا يكون لقاء المساء مثاليًا على الدوام كما نتوقع؛ قد تنفجر الضغوط والمشاعر المكبوتة والمتراكمة طوال اليوم سواء من قبل الأطفال أو من قبلكم، لحظة عودتكم إلى المنزل. يكون ضروريًا تخصيص الوقت للتحدث والتلاقي قبل المباشرة بالمهام المنزلية و«طقوس» المساء.

نديم - سنتان

بعد قضاء نهاره في الحضانة

مشاعره

التعب

الاستياء

الجوع

رغباته وحاجاته

التدليل

اللعب

واجباته

الاستحمام

ارتداء ثياب النوم

الانتظار (حتى يتفرغ الأبوان له، ويصير العشاء جاهزًا...)

هنادي - 9 سنوات

بعد قضاء نهارها في المدرسة

مشاعرها

التعب

الحزن بسبب شجار مع زميلتها

الغضب لعدم قدرتها على التحدث مع والديها المنشغلين

رغباتها وحاجاتها

التحدث عن أحداث يومها

الجلوس في مكان هادئ

الاستماع إلى الموسيقى والقراءة

واجباتها

الفروض المدرسية

توضيب أغراضها المتناثرة

الاستحمام

المساعدة بتحضير المائدة

الحاجات اليومية لا تتماشى مع الواقع دائمًا

؟ سبب الاستخدام؟

تكون الأسرة غالبًا في سباق مع الوقت عند عودتها إلى المنزل مساء؛ تحضير العشاء، مراقبة الواجبات المدرسية، التأكد بأن الأطفال قد استحموا، نشر الغسيل... قائمة المهام طويلة (وأحيانا لا تنتهي!). لا يكون الأطفال متعاونين دائمًا، وهذا أمر طبيعي، فهم متعبون بعد يوم طويل (في الحضانة أو الروضة أو المدرسة...) خضعوا خلاله للعديد من الطلبات أو الأوامر (التفاعل مع الزملاء، تعليمات من مقدمي الرعاية)، لذلك يحتاجون لفترة من الهدوء قبل الانخراط مجددًا في الإيقاع المسائي في المنزل.

كيفية الاستخدام؟

المراحل

تكون الضغوط في بعض الأمسيات في أوجها، ويمكن استشفافها بمجرد العودة إلى المنزل؛ لذلك ينصح غالبًا بتخصيص دقائق قليلة لتنفيس التوتر قبل تلقي المزيد منه. إن إعلان الأمور بوضوح ومسبقًا مسألة هامة: سنأخذ استراحة ونتعاون بعدها على أداء المهام، وبعد استرجاع الهدوء، نتمكن غالبًا من أداء المهام المنزلية في أجواء ساكنة.

- **تجدد اللقاء**: قبل الانخراط مباشرة في قائمة الواجبات والمهام المفروضة عليكم، مع إمكانية تحول الأزمة الناشئة إلى غضب عارم، يمكنكم اقتراح فترة استراحة يتخللها تدليل للطفل، رواية قصة، مناقشة موضوع ما معه (لا يفترض بالطبع مشاهدة التلفاز أو البدء بلعبة فيديو!).
- **فترة هدوء**: قد يحتاج بعض الأطفال أيضًا إلى فترة هدوء لوحدهم في غرفهم (قراءة كتاب، الاستماع إلى الموسيقى...).

نصائحي

- قبول «تضييع الوقت» يسمح لكم باستغلاله؛ وقد يكون مفيدًا الضغط على زر الاستراحة، حين تكونون مستعجلين جدًا. وإن أجريتم جلسة فعلية، سيكون الطفل بعدها أكثر استعدادًا للاستحمام وتحضير المائدة...
- يحتاج بعض الأطفال للانعزال قليلًا عن المجموعة، أو يعانون من صعوبة العودة مباشرة إلى الأجواء الأسرية، احترموا احتياجات كل واحد منهم.
- عندما يكون برنامج السهرة (الاستحمام، الواجبات المدرسية...) محددًا بوضوح ضمن خطة وعلى شكل طقوس (أنظر الطريقة 1)، لا بد من تطبيقه دون أي امتعاض.

الاستماع والمحادثة والتواصل مع الطفل

الطريقة 20

لا يكون الحوار بين الطفل ووالديه ميسرًا دائمًا، لا سيما في سن ما قبل المراهقة والمراهقة، إذ يميل إلى الانطواء، فتشعرون بأنكم تعيشون مع شخص غريب تحت سقف واحد. وللحفاظ على قنوات التواصل مع أبنائكم، من الهام أن:

- تعبروا لهم عن تجاربكم ومشاعركم وتستمعوا إليهم.
- تطرحوا الأسئلة المفتوحة.
- تكونوا جاهزين للتحدث معهم، حتى وإن لم يكن الوقت مؤاتيًا.

سبب الاستخدام؟

يروي بعض الأطفال، بسعادة وإصرار، تفاصيل يومهم، في حين يكون آخرون أكثر كتمانًا، فبلوغ سن المراهقة يسبب غيابًا للتواصل؛ لتفادي هذا الوضع، من الضروري أن يبدأ التواصل بأعلى قدر من الشفافية منذ الصغر.

كيفية الاستخدام؟

المراحل

1. لمساعدة الطفل على التعبير، يمكن البدء **بالتحدث عن يومكم** بوصف تفاصيل صغيرة يمكن أن تثير اهتمامه، فضلًا عن بعض الصعوبات المحتملة التي واجهتكم (دون كشف كل مخاوفكم)، ولا تنسوا التطرق للأوقات الجميلة. يشجعه ذلك على أخذ الدور والتحدث عما حصل معه.
2. لإطلاق النقاش، يمكنكم طرح الأسئلة عليه مع تفادي الأسئلة المغلقة التي تتطلب الإجابة بنعم أو لا. احذروا من إجراء عملية استجواب، بل ابحثوا عن زاوية **لبدء الحديث** ودعوه يأخذ مجراه. يمكن الحديث مثلًا عن:
   - المدرسة وأجوائها (إن لم يكن موضوعًا مثيرًا للامتعاض): ماذا حدث في الملعب أو في المطعم، ما الذي اكتسبه واكتشفه؟ مع تفادي التركيز على الدروس.
   - المشاعر التي أحس بها: أضحكه، أحزنه، أغضبه...
   - المصاعب التي واجهها...
   - الأوقات السعيدة: طرفة أو لعبة أحبها...
   - الإنجازات المحققة: ما الذي دفعه للفخر، ماذا فعل لمساعدة صديق...؟
3. **اصغوا إليه** قدر المستطاع. لا يكون طفلكم مستعدًا دائمًا للتحدث عن يومه في طريق العودة من المدرسة أو الحضانة، وعندما يكبر قد يبتعد عنكم؛ ولإبقاء الحوار قائمًا، من الضروري أن تكونوا متفرغين له عندما يطلب ذلك، حتى وإن لم يتلفظ بطلب ذلك بوضوح (يطل برأسه من باب المطبخ لطلب بعض المال، يأتي للشكوى من شجار مع شقيقه أو شقيقته...) وفي الأوقات حين لا تكونون راغبين في التحدث (أنهيتم أعمال المطبخ وأدرتم التلفاز للتو، تقرأون كتابًا...). لا يمنعكم ذلك من حماية مساحتكم الخاصة.
4. الحوار المفتوح يسمح لكم بأن تظلوا متنبهين ومترقبين للإشارات البسيطة (طفل ينطوي على نفسه، لا يشعر بالراحة ولا يستطيع التعبير...) الدالة على الضيق الذي يشعر به.

شهادة

«أرسيت طقسًا صغيرًا منذ بضع سنوات، يتيح لابني الحديث عن يومه. نتكلم كل بدوره ونصِف يومنا. الأمر عادي جدًا: أشرح له أني ذهبت إلى اجتماعات، وكتبت رسائل إلكترونية، وقضيت الجزء الأكبر من وقتي على الهاتف، لكنه يحب أن يستمع إلى كل التفاصيل؛ ومن جهته، يأخذ وقته للحديث عن أطعمة لم يحبها في مطعم المدرسة!» (سامية)

تجدد اللقاء بعد التباعد

الثقة

الثقة بالآخر لا يعني الترك: الكلمات لها أهميتها. يميل بعض الآباء للقول: «تركت طفلي عند المربية» أو «تركت ابني في الحضانة...». الترك... يا لها من كلمة غريبة! نحن لا نترك طفلًا كما نترك رزمة، ولا نتركه كما لو أننا نهجره، ولكننا نسلمه لشخص آخر **موثوق** به. تشرح «سيلفيان جيامبينو» في كتابها «هل الأمهات العاملات مذنبات؟» قائلة: «خلافًا لما نعتقد، تعتمد قدرة الطفل على الشعور بالرضى والراحة على وجود والديه، ولذلك فإن فترة الاعتياد على ارتياد الحضانة لا تهيئ الطفل على التدرب للابتعاد عن أمه، بل لكي يعرف الوالدان وطفلهما بأنهم يستطيعون أن يكونوا سويًا بشكل مختلف، أي يكونون سويًا وإنما مع أشخاص آخرين».

«إن مربية طفلي ممتازة، وأنا أثق بها ثقة كبيرة. سهل وجودها عودتي إلى العمل إلى حد كبير، فحين أذهب إلى العمل في الصباح، أعرف تمامًا بأن يومه سيكون جيدًا. وأسعد في المساء عند تبادل أطراف الحديث معها قبل أن تعود إلى منزلها». (سارة)

شهادات

« فترات الصباح هي الأصعب بالنسبة لي، حين انفصل عن ابنتي، إذ أشعر بوخز في قلبي عند توديعها؛ وكي تكون تلك الأوقات سهلة عليها وعليَّ، اتفقت مع زوجي بأن يكون هو المسؤول عن إعادتها من الحضانة، وأنا أتابع مسؤولياتي تجاهها عند عودتي إلى البيت». (تمارا)

«في نهاية مقابلة أجريتها بهدف إيجاد مربية لأطفالي يوم الأربعاء، تضايقت إحداهن من أسئلتي، واعتبرت أني سأتعب في بحثي عن ’جوهرة نادرة‘، وبأن لا خيار أمامي سوى توظيفها. كانت هذه الملاحظة بمثابة اكتشاف بالنسبة لي، وقررت في تلك اللحظة بأن أسلي أطفالي في مركز للألعاب ريثما أجد سيدة تشعرني بالثقة». (ليزا)

اجتماع العائلة بطرق مختلفة

يوجد طرق متعددة للم شمل الأسرة، وما عليكم سوى الثقة بمخيلتكم الإبداعية...

«كان أطفالي أصغر سنًا، وكانوا يذهبون إلى والدهم، كنت أتجنب الاتصال بهم في اليوم الأول، وأتواصل معهم في اليوم التالي. أما الآن فقد صارت ابنتي الكبرى تملك هاتفًا، وبات بإمكاننا التواصل بسهولة وتبادل الرسائل الصوتية أو المكتوبة أو أفلام الفيديو...». (سناء)

«إن التلاقي أمر معقد. كان أطفالي صغارًا، وكان من الصعب أن يخلدوا للنوم مساء الأحد، بعد تمضية عطلة نهاية الأسبوع عند والدهم، إذ كانوا يحتاجون لفترة من الهدوء والسكينة... أما الآن بعد أن كبروا، صاروا يتوجهون أولًا إلى غرفهم قبل أن نقضي الوقت معًا عند التلاقي». (بارعة)

«كان ابني مراهقًا، وكنت أجتمع به لفترات قصيرة، وكنا في أحسن الظروف نحظى بأوقات للترفيه والعطلة. كان يحب العودة إلى المنطقة التي كنا نعيش فيها لملاقاة رفاقه، إذ كانت عبارة عن واحة صغيرة للأطفال». (بلال)

«يوم الخميس هو اليوم الوحيد الذي أذهب فيه لاصطحاب أطفالي من المدرسة؛ ونكون في نهاية الأسبوع في غاية الإرهاق، والأمسية التي يفترض أن تكون احتفالية تتحول غالبًا إلى غضب عارم؛ وكي نضع حدًا للنزاعات، نلعب لعبة الشجار لعدة دقائق ونضحك سويًا نحن الثلاثة، ثم نندس داخل سريري مع مجموعة من الكتب». (نورة)

«بعد عودتي من السفر، يقفز الجميع لاحتضاني واستقبالي؛ ترتمي ابنتي ذات الخمس سنوات في أحضاني، في حين تحرد ابنتي البالغة 13 عامًا، لأنها لا تستطيع الصبر كي تخبرني عن فيلم فيديو اكتشفته، كما أنني لا أستطيع التركيز حين تطلعني زوجتي على مشكلة مع البنك. أحتاج لبعض الوقت كي 'أحط على الأرض'!». (سعيد)

الطريقة 21

الكلمات اللطيفة

تفتح الكلمات اللطيفة المجال أمام إعادة إرساء الوئام في الظروف المتوترة مثلًا، ولكن حين يسود الوئام نفتقد تلك الكلمات التي تحفز التواصل. إن الاستعانة بدعم مبتكر وظروف مختلفة للتواصل مع أطفالكم، يمنحكم الفرصة للتعبير بطريقة مغايرة. تعتبر الكلمات اللطيفة طريقة مفيدة جدًا ولا تتطلب الكثير من الوقت.

سبب الاستخدام؟

تسمح الكلمات اللطيفة بإعادة إرساء مشاعر الوئام مع الطفل، وتشجعه وتؤكد له بأنكم موجودون لدعمه... وتختلف معاني هذه الكلمات باختلاف السياقات، فعلى سبيل المثال:

- أنتم لستم حاضرون في أغلب الأحيان.
- توقعتم الذهاب برحلة خلال عطلة الأسبوع...
- تشاجرتم مع طفلكم، وتودون القيام بالخطوة الأولى.
- طفلكم يحتاج لدعمكم لتخطي فترة صعبة (مع الأصدقاء، في المدرسة...).

كيفية الاستخدام؟

المراحل

1. اختاروا وسيلة داعمة: أوراق الملاحظات اللاصقة، أوراق، لوح...
2. دوِّنوا بعض الكلمات: الكلمة اللطيفة تختلف عن التعليمات! الهدف منها مختلف تمامًا، ويمكنكم مثلًا:
   - القول لطفلكم بأنكم تحبونه وتفكرون به...
   - تمدحون نجاحاته...
   - تشجعونه...
3. وضع هذه الكلمات في مكان:
   - يمكن للطفل أن يجده بسهولة: طاولة المطبخ، الثلاجة...
   - فاجئوا الطفل بوضعها في مكان غير متوقع: على المخدة أو تحتها، في حقيبته المدرسية... لمناسبة استثنائية.

أفكار مبتكرة

- لتكن كلماتكم بسيطة، وابتعدوا عن المطولات!
- إن تسنى لكم الوقت، ابتاعوا أوراقًا جميلة وأوراقًا لاصقة مزينة...
- اختيار الموقع المناسب لتعليق تلك الأوراق له أهميته. إن اخترتم غرفة المعيشة أو غرفة نوم الطفل، سيتلقى الكلمات بطريقة شخصية إلى حد ما.
- يمكن أن تصاحب الكلمات اللطيفة في حالات استثنائية إضافة صغيرة قد تكون ملصقة على قطعة حلوى، أو على كتاب مصور من الكتب التي يحبها الطفل، أو زهرة قطفت خصيصًا له...
- إن كان الطفل سيغيب عنكم، احرصوا على شراء بطاقة بريدية أو بطاقتين، وارسلوها إليه مسبقًا قبل مغادرته بعدة أيام.

لمزيد من التطور

- يستفيد الوالدان من الكلمات اللطيفة سواء كانوا في المنزل، أو متواجدين في أغلب الأحيان على مقربة من أطفالهم. فهذه الكلمات تعزز التواصل بشكل مختلف، وتضفي طابعًا متجددًا كل يوم...
- يمكن استبدال الكلمات برسم إن كان الطفل في سن ما قبل القراءة؛ ولا تهتموا كثيرًا بجعل النتيجة مثالية؛ ففي سن الثالثة، يعرف الطفل رسم الشمس والزهرة والوجه الباسم.
- الأطفال مختلفون، لذلك تختلف وسائل وطرق التواصل معهم. تأقلموا معهم!

نصائحي

- لا تحل الكلمات اللطيفة محل الاتصال الهاتفي أو التواصل المباشر، بل يتكامل معها ويسمح بالتعبير عن الأمور بأساليب مختلفة. قد يكون من الأسهل لبعض الآباء كتابة «أحبك» بدل التلفظ بها بصوت عال والعكس صحيح... إن لم تجدوا أي كلام مناسب لقوله، يمكنكم أحيانًا النهل من الأشعار أو كلمات الأغنيات.
- لا تترددوا في استخدام الكلمات اللطيفة مع الزوج، فهي تحقق الأهداف ذاتها أيضًا!

الطريقة
22

حديث خاص وجهًا لوجه

أنتم غارقون في إيقاع الحياة اليومية، وتجدون أن مشاركتكم مع أطفالكم تقتصر على التعليمات، ولتفادي المزيد من ضغوط الحياة، من الضروري أن توفروا لهم أوقاتًا نوعية كل يوم من خلال تحديد موعد منتظم معهم مثلًا. يتمثل الموعد الخاص بينكم في الواقع في أن تقدموا لكل طفل (ولأنفسكم في الوقت ذاته) وقتًا مميزًا وحصريًا كل يوم عند المقدرة، أو على الأقل قدر المستطاع.

بمناسبة عيد ميلاد ابنتي الخامس عشر، قضينا عطلة نهاية أسبوع مميزة سويًا، كانت أوقاتًا رائعة!

ميرنا

أدعو كل طفل من أطفالي لوحده إلى المطعم وبانتظام. أعشق تلك الأوقات التي نقضيها سويًا.

هيام

نتجول أنا وابني على الدراجة الهوائية في العطلة الأسبوعية، ولا نتكلم كثيرًا، بل نستمتع بتواجدنا معًا.

جهاد

أصحب، مرة في السنة، كل واحد من أطفالي للتخييم ليلة واحدة؛ الأمر ليس صعبًا إذ يكفي أن ننصب خيمة في حديقتنا!

سليم

سبب الاستخدام؟

هل وتيرة عملكم ضاغطة، ولذلك لا تقضون الوقت الكافي مع أطفالكم؟ تتواجدون في المنزل ولكن الأعمال اليومية تشغل كل أوقاتكم؟ هل لديكم أسرة كبيرة العدد؟... إن كان أي مما سبق يمثلكم، فالطريقة المقترحة مناسبة لكم!

كيفية الاستخدام؟

المراحل

1. يمكن للموعد مع الطفل أن يحصل في **أوقات مختلفة من اليوم**، بما يتماشى مع جدولكم اليومي، ومع القيود التي تواجهونها (عند العشاء، أو عند الفطور في حال تسنى لكم تناوله معًا، أو عند وقت نومه في حال كانت له غرفة لوحده...).

2. يمكن للموعد أن يكون مقتضبًا، ولكن يجب أن يكون محصورًا بالطفل، وأهميته في أن تكونوا **متفرغين له 100%**. يطالب الأطفال الأصغر سنًا بأنفسهم بهذا الوقت النوعي الذي يتحول إلى فترة للتدليل، أو لقراءة قصة... حين يكبر الأطفال، قد يفقد الآباء هذا التواصل معهم، ويبتعد بعضهم إلى حد كبير، وينطوون على أنفسهم. من الضروري إعادة تجديد الود اليومي، عبر الاتفاق على موعد للطهي سويًا، أو الاستماع للموسيقى؛ ويمكن أيضًا طرق أبواب غرفهم، والجلوس معهم للمحادثة...

3. يمكن لهذه الأوقات أن توفر الفرصة للتحدث، ولكن ليس بالضرورة أن يتم ذلك في كل الحالات. من جهتكم، لا تترددوا في **مشاركة يومياتكم معهم**؛ من دون إغراقهم بأسباب توتركم ودواعي قلقكم ومشاكل حياتكم. يمكنكم ذكر بعض الهموم (تتشابه مع بعض همومهم الخاصة) وتخبرونهم كيف نجحتم بتخطيها، ويمكن مشاركتهم بدواعي فرحكم ورضاكم.

4. يمكن أن يختتم هذا الموعد **بطقس من الطقوس**، فيتحدث كل منكم عن أفضل ما حدث معه في يومه.

نصائحي

- نميل إلى التفكير بأنه كلما كبر الأطفال، قل الوقت الذي يجب أن نكرسه لهم. في الواقع، إن الطفولة المبكرة تحتاج لكمٍّ كبير من الطاقة والاهتمام الدائم؛ ولكن أن تكون والدًا أو والدة ليافع أو مراهق فهذا يتطلب حضورًا كبيرًا منكما، كي تتنبها وتعرفا متى يكون بحاجة لتبادل الحديث.

- يظن الآباء المتواجدون في المنزل أو العاملون بدوام جزئي، والرازحون تحت ثقل الأعمال المنزلية، في أغلب الأحيان، بأنهم لا يتشاطرون مع أطفالهم أوقاتًا نوعية. وإن كان هذا هو حالكم، فعليكم أن تفكروا بالوسائل التي تتيح لكم تغيير الأحوال.

- لا يعرف العديد من الأطفال مهنة آبائهم! صحيح أنهم يعرفون بأنكم تعملون في الموارد البشرية أو في المراقبة الإدارية على سبيل المثال؛ لكنهم في أغلب الأحيان لا يعرفون المهام المرتبطة بتلك الوظيفة. تحدثوا معهم عن عملكم! ستستغربون مدى اهتمامهم بذلك.

الطريقة 23

جلسات الألعاب الجماعية

تعتبر جلسات الألعاب الجماعية مناسبة لمشاطرة فترة الوئام الأسري؛ فعند اللعب سويًا، تتوطد العلاقات بين أفراد الأسرة، ويكتشف أحدهم الآخر. وتتيح تلك الجلسات أيضًا، تعليم الأطفال أمورًا هامة منها: احترام قواعد اللعب، وانتظار الدور، وتقبل الخسارة.

أفكار للألعاب الجماعية

ألعاب المجموعة

- المستذئب
- انتهى الوقت
- كرانيوم
- ارسم
- ديكسيت
- ديكليك

ألعاب استراتيجية

- بلوكوس
- كويركل
- مونوبولي
- ألغاز بكين
- مغامرات السكة الحديد
- كاركاسون
- المستوطنون في كاتان
- العجائب السبع

ألعاب الذاكرة والملاحظة

- ميموس
- اللوتوس
- الوشق
- المزدوج
- سرعة الأدغال

ألعاب الكلمات واللغة

- بوغل
- تيك تاك بوم
- كفُّك بكفِّي

ألعاب الورق

- النرد
- 7 عائلات
- ورق اللعب
- المصعد
- لوبو 77

اللعب بالأرقام

- أونو
- ميل بورن
- روميكاب

3 التبادل والتواصل

؟ سبب الاستخدام؟

جلسة اللعب الجماعي مثالية للاستفادة من سهرة عائلية خلال الإجازة، يتسلى الصغار مع الكبار أثناء قيلولة من هم أصغر سنًا، وتجتمع عدة أجيال حول نشاط مشترك خلال حفلة عائلية، وتحصل العائلة على فترة قصيرة من الوئام في أمسية من أمسيات الأسبوع، وتكسر الجليد وتتيح التعارف بين أطفال الحاضرين في الحفل... فاللعب يقرب بين أفراد الأسرة.

كيفية الاستخدام؟

المراحل

1. اختاروا سويًا **لعبة جماعية واحدة أو أكثر**، تتماشى مع الوقت المتوفر لكم؛ وتختلف مدة الألعاب الجماعية باختلاف اللعبة. فتحتاج لعبة «دوبل» 5 دقائق، في حين تتطلب بعض الألعاب اللوحية عدة ساعات، لذا فليتناسب اختيار اللعبة مع جدولكم الزمني.
2. قبل البدء باللعبة، **ابعدوا الهواتف الجوالة والأجهزة اللوحية الإلكترونية**.
3. ذكروا الآخرين أو اشرحوا لهم **قواعد اللعبة** قبل بدء الجولة.
4. يشكل اللعب الجماعي فرصة للأطفال كي يتعلموا **احترام القواعد، وتقبل الخسارة**. لا يعني ذلك في الواقع، السماح للأصغر سنًا بالربح بحجة عدم إحراجه، إذ من اللازم إقامة توازن في اختيار الألعاب كي يجد كل فرد موقعه فيها، وإعطاء بعض النصائح الاستراتيجية وبعض الدعم. إن شعر أحد اللاعبين بخيبة الخسارة، يمكنه أن يحقق النصر في لعبة يكون متمرسًا فيها أكثر.
5. يضمن البالغون إرساء **أجواء مريحة ولطيفة**. وإن خسرتم وأبقيتم البسمة على وجوهكم، يتبيَّن للأطفال أن الخسارة ليست أمرًا صعبًا.

أفكار مبتكرة

- اللعبة وسيلة تعليمية: بالنسبة للصغار يشكل تحريك البيدق جزءًا من اللعبة، فاتركوه يلعب بالنرد والبطاقات إذًا...
- إن لم تكن محبًا للألعاب الجماعية، لا تفرضها على نفسك، ابحثوا عن ألعاب تحبونها ويحبها الآخرون مثل الألعاب الارتجالية، والرسم، والكتابة، والبازل... بإمكانكم إيجاد وسيلة أخرى ملائمة.
- يمكن أن يصحب جلسة الألعاب الجماعية بعض الأطباق، يتناولها الحاضرون قبل بدء اللعب أو بين جولتين. ولا شك بأن الطعام المرافق للعب أفضل بكثير من الطعام أمام التلفاز.
- في المناسبات، يمكن تحضير لعبة جماعية، لتكون هدية مشتركة لكل أفراد الأسرة.

شهادات

«ننظم مساء الجمعة أمسية عائلية؛ ومع أننا جميعًا مدمنون على مشاهدة برامج التلفاز، إلا أن مشاهدتها ممنوعة خلال تلك الأمسية. بعد أن يتناول الأطفال وجبة العشاء، نلعب ألعابًا جماعية، في حين نتناول زوجي وأنا بعض الأطباق الخفيفة». (نوال)

«أحب اللعب مع أحفادي، وأعتبر اللعب وسيلة للتعرف على صغاري الذين لا أراهم بتكرار. إنهم يكشفون عن مكنونات قلوبهم أثناء اللعب...». (هدى)

الطريقة 24

التوتر بين الأخوة

نظهر للأطفال كيف نتكلم باحترام، ونعبِّر عن مشاعرنا، فنسمح لهم بأن يضعوا أنفسهم محل الأخ أو الأخت، ويتعلموا تدريجيًا سبل تسوية نزاعاتهم. لذلك من الضروري أن نرسي قواعد اللباقة والمجاملات دون تزلف وتملق، والتدخل في النزاعات كي لا ندعها تتفاقم.

سبب الاستخدام؟

يتشاجر الأطفال، فتستشيطون غضبًا، وترتفع أصواتكم، وتطلبون من الجميع الذهاب إلى غرفهم؛ وبدل أن يؤدي هذا التصرف إلى تسكين الأجواء، تجدون أنه يسبِّب نتائج معاكسة. مع ذلك، تفضلون لو كان أطفالكم مترابطين ومتفقين في ما بينهم. لكن المشاجرة بين الأشقاء أمر طبيعي جدًا، وتحصل النزاعات بينهم بوتيرة متكررة و«مقبولة» إلى حد ما. بعد ذلك، لا بد من التدخل وتعليم الأطفال كيفية حل تلك النزاعات.

كيفية الاستخدام؟

المراحل

1. إرساء **قواعد واضحة ودقيقة ومعروفة** من الجميع: الحركات العنيفة والأذى غير مقبول. ولكنكم لا تستطيعون أن تأمروهم بأن يحبوا بعضهم بعضًا.
2. حين يتشاجر الأخوة، وتتسمم العلاقات بينهم، من الضروري **التدخل لتخفيف التوتر**. يجب أولًا تذكيرهم بالقواعد في حال عدم احترامها.
3. السماح بعد ذلك للأطفال **بالتعبير عن مشاعرهم**؛ وإذا تعلق الأمر بموضوع الغضب (أُنظر الطريقة 36)، ينبغي أخذ الوقت الكافي للاستماع لمشاعر كل واحد منهم دون تأنيبهم. يقول عالم النفس الاجتماعي «جاك سالومي» بأنه من المهم أن يبدأ المتكلم جمله بـ «أنا» أو «هو» أو «أنت»، ويمكنكم أن تقترحوا عليهم التعبير عن مشاعرهم بالطريقة التالية: «حين كنت....، أشعر أن ....».
4. إعادة **صياغة كلام الأطفال**، إذا لزم الأمر، مما يتيح لكل منهم استرجاع السكينة.
5. في حال وجود خلاف ينبغي حسمه (الحصول على وحدة التحكم باللعبة الإلكترونية، استعارة كتاب...)، ينبغي إعطاء الأطفال مهلة كي **يحلوا مشاكلهم مع بعضهم بعضًا**، بالقول لهم بأن فشلهم في الاتفاق يعني أن القرار سيكون لكم، وعندها سيجدون ترتيبًا وديًا للموقف.
6. في حال تفاقم النزاع إلى حد كبير أو صار متكررًا، يمكنكم **تنظيم اجتماع عائلي** لحل المشكلة بموضوعية (أُنظر الطريقة رقم 25).

نصائحي

- لا تسمحوا بنشوء النزاعات، أو باستخدام كلمات أو إيماءات مهينة. تبدو الألقاب مضحكة في أفضل الأحوال، لكنها تتحول إلى وصم يرافق الطفل لسنوات في أقسى الحالات، من قبيل «العجوز الضخمة» أو «غريب الأطوار»، وقد تساهم في تحديد هوية الطفل.
- إذا استخدمتم كلمات مهينة وعنيفة ضد الشريك، سيكون من الصعب تشجيع أطفالكم على تبادل الاحترام.
- يختلف أطفالكم عن بعضهم بعضًا، فلا يوجد سبب للمقارنة بينهم. أنصفوا في ما بينهم عوضًا عن تطبيق المساواة لأن لديهم احتياجات مختلفة؛ وبما أنهم فريدون، أحبوهم بطريقة فريدة.
- لا شك أن تعليم الأطفال كيفية التعامل مع النزاعات بين الإخوة والأخوات، قد يصبح ميزة عظيمة بالنسبة لهم (العلاقة مع الأصدقاء، والزملاء...).

الطريقة 25

اجتماع العائلة

يكبر الأطفال ويدركون بأن لهم حقوق، ولكن عليهم واجبات حيال أسرتهم، التي تشكل مجتمعًا مصغرًا بحد ذاتها. يعتبر اجتماع العائلة «محكمة استشارية» تسمح بإرساء قواعد الحياة داخل المنزل، من خلال إشراك الأطفال في البحث عن الحلول، التي تمكنهم من العيش سويًا بأكبر تناغم ممكن. ويسهل احترام القاعدة المفهومة أكثر من القاعدة المفروضة على الطفل دون أي تفسير، ولا يعني ذلك التخلي عن السلطة الأبوية، ولكن المقصود منح الأطفال المسؤولية تدريجيًا.

جدول أعمال اجتماع العائلة المتعلق بالعودة إلى المدرسة

السبت 5 سبتمبر عند الساعة 5 مساء في غرفة الطعام

- أوقات مشاهدة التلفاز
- المشاركة في الحياة المنزلية
- مصروف الجيب

؟ سبب الاستخدام؟

كبر أطفالكم وأصبحتم ترغبون في إشراكهم تدريجيًا في القرارات المتعلقة بالحياة الأسرية، وإفساح المجال للمشاركة بآرائهم. يشكل «اجتماع العائلة» وسيلة مناسبة لتحقيق هذا الغرض؛ وفي حال واجهتم صعوبات (نزاعات متكررة بين الإخوة والأخوات، تناقض الآراء بين الآباء والأطفال...)، يمكنكم عقد الاجتماع لتهدئة التوتر، ولجعله فرصة للأطفال تكسبهم سبل التعبير عن أنفسهم أمام الآخرين، وعرض أفكارهم والدفاع عنها.

كيفية الاستخدام؟

المراحل

1. تحديد **جدول الأعمال**؛ لا تترددوا في برمجة اجتماع عائلي لطرح موضوع واحد فقط عند الضرورة، وبلغوا الأطفال بالموعد مسبقًا.
2. احرصوا على تحديد وقت الاجتماع عندما يكون الوقت متاحًا لكم، **الحضور** الذهني والهدوء ضروريان لخوض للنقاش.
3. اعرضوا المواضيع المقترحة.
4. اعطوا الفرصة لكل فرد من أفراد العائلة كي **يعبر عن رأيه بهدوء** (دون مقاطعة أو أحكام أو إهانة) بالمداورة.
5. أعيدوا صياغة الملاحظات، وخذوا الوقت الكافي لاستخراج أفكار جديدة مستلهمة من اقتراحات الآخرين، وحين تطرح كل الأفكار، يمكن العودة إلى الحلول المقترحة واستخلاص أفضلها والأكثر ملاءمة للجميع. وإن تعارضت طلبات الأطفال مع قيمكم أو الحدود التي وضعتموها، خذوا الوقت لشرح أسباب رفضكم لها.
6. ابحثوا عن حل وسط، وحددوا سويًا طريقة العمل الجديدة أو الحلول المتفق عليها (مكتوبة عند الحاجة).

أفكار مبتكرة

- أعدوا العدة لهذا الاجتماع مسبقًا، مع الشريك إن أمكن، لعرض الخيارات التي تبدو لكم مقبولة. ولا يعني ذلك حصر النقاش المرتقب، ولكن التفكير بما يتناسب مع قيمكم.
- تحقيقًا للنتائج المرجوة، حين يكون الموضوع متعلقًا بحل نزاع، يجب عقد الاجتماع بعد استتباب الهدوء، أي بعد بضع ساعات أو حتى بعد يوم من حصول التوتر.
- قد يكون جدول أعمال اجتماع العائلة طويلًا جدًا (النزاع، مصروف الجيب، مشاهدة الشاشات، المشاركة في الحياة الأسرية، مشروع عائلي، العطلة...). وقد يقترح الأطفال المزيد من المواضيع الراغبين في طرحها خلاله.

شهادات

«عند بداية العام الدراسي، نقيم اجتماعًا نسميه 'مؤتمر'. إنها مناسبة لعرض مواضيع مستجدة للسنة المقبلة، ويكون الأطفال عادة أول من يطالب بهذا 'الاجتماع النقابي'، طالما بلغوا عمرًا مناسبًا، وصاروا يعرفون أن باستطاعتهم تحريك بعض المطالب! من جهتنا، نستفيد من إعادة جدولة واجبات كل فرد منا، بما يتعلق بالمشاركة في الحياة الأسرية». (أميرة)

4 مواكبة تطور الأطفال

المواكبة والتمكين

ما هو الموقف الذي يفترض أن نعتمده كآباء لمواكبة أطفالنا في مسار تطورهم ونموهم؟ كيف يمكن إيجاد موقعنا الصحيح؟ تحدد الدكتورة «كاثرين غيغوان» الخطوط العريضة للتربية الأبوية الإيجابية وفق تعريف المجلس الأوروبي. وبموجب ذلك، يجب على الآباء أن يقدموا لأطفالهم ما يلي:

- التربية العاطفية
- الاعتراف بقدراتهم
- التمكين
- تربية خالية من العنف

تشرح «سيلين ألفاريز» قائلة: «الطفل يحتاج إلينا؛ لا يتعلم وهو جالس أمام الشاشة، ولا حين يُترك وحده لاستكشاف حرٍّ وغير منظم لمحيطه». لذلك من المهم **أن تكونوا حاضرين ومتفرغين دون اقتحام خصوصيته،** كي تمكنوا الطفل من إيجاد طريقه للاستكشاف، وكي يأخذ الوقت الكافي للتفكير بما يدهشه ويثير تساؤلاته، والإجابة على أسئلته والسماح له بالكلام. لا بد أنكم بالتجربة والخطأ ستجدون الموقف المناسب لتبنيه.

كل فرد لديه مجالاته المفضلة؛ يمكنكم الاستعانة بمجالات اهتمامه ومساعدة أطفالكم على استكشافها. لا يعني ذلك تحويل البيت إلى مركز ترفيهي! وليس بالضرورة أن تجيدوا لعب كرة القدم، وتتقنوا أعمال الخزف، وتستمعوا إلى موسيقى الراب... وعلى الرغم من كل شيء، وبما أن الأطفال سيكبرون وتتبلور أذواقهم، فعليكم أن تظلوا منفتحين لتبادل الآراء والمعلومات، حتى وإن تطلب ذلك بذل جهود لاستكشاف هواياتهم.

كل طفل مختلف عن الآخر ويتطور بوتيرة خاصة به، والمقارنات لا تفيد أحدًا. يفضل أن تعطوا الأطفال فرصة لإيجاد مجالاتهم المفضلة، بفتح الآفاق الممكنة أمامهم.

تختلف الطرق باختلاف الأسر، وما يتماشى مع قيمها وأولوياتها. وتتكوَّن الخطوط العريضة المقترحة هنا مما يلي:

- توفير مساحات وأوقات فراغ للعب والابتكار.
- السماح بالانفتاح على الطبيعة والأدب والخيال.
- تقبل وتعلم كيفية تكييف المشاعر.
- مواكبة مشاهدة الشاشة.

مواكبة تطور الأطفال

الطريقة 26 اللعب الحر 72
الطريقة 27 ركن الابتكار 74
الطريقة 28 القصص الأولى 76
الطريقة 29 قصة المساء 78
الطريقة 30 القصص لأطفال يستكشفون القراءة 82
الطريقة 31 النزهات في الهواء الطلق 84
الطريقة 32 الأكواخ 86
الطريقة 33 البحث عن الكنز في المتحف 88
الطريقة 34 كتيب السفر 90
الطريقة 35 استقبال المشاعر 92
الطريقة 36 تفهم الغضب 94
الطريقة 37 الفقاعة 96
الطريقة 38 سجل النجاحات 98
الطريقة 39 مكانة الشاشات 100
الطريقة 40 صلة الأطفال بالإنترنت 102

المراجع

سيلين ألفاريز، «القواعد الطبيعية للطفل»
(Les Lois naturelles de l'enfant), Les arènes, 2015.

د. كاثرين غيغوان، «من أجل طفولة سعيدة»
(Pour une enfance heureuse), Robert Laffont, 2014.

الطريقة 26

اللعب الحر

إن توفير المساحة والوقت للعب الحر أمر ضروري للأطفال كي يجربوا، ويستكشفوا، وهذا يمكنهم من النمو والتطور. وتعتبر الألعاب الأكثر بساطة، مثل ألعاب البناء والتركيب، مجالًا يفتح على إمكانيات عدة، أهم بكثير من الألعاب التي نسميها «تعليمية».

برنامج ريما بعد ظهر الأربعاء (5 سنوات في الحضانة)

2 ب.ظ	درس الموسيقى
3.30 ب.ظ	اللعب في الباحة
4.30 ب.ظ	العصرونية
5 ب.ظ	مشاهدة الرسوم المتحركة
6 مساءً	الاستحمام
6.30 مساءً	اللعب داخل البيت

مواكبة تطور الأطفال 4

؟ سبب الاستخدام؟

تأخذ الألعاب مركزها في حياة الأطفال؛ فهم ينمون أثناء اللعب بالدمى أو بألعاب البناء والتركيب، وكذلك حين يلعبون بالعصي أو بحبات الكستناء أو بعلبة من البلاستيك... بالنسبة للصغار، كل شيء قد يكون مصدرًا للعب والتجربة: الاستحمام، الذهاب للتسوق، المشاركة في إعداد الوجبات... إذًا هل ثمة حاجة لتحديد موعد للعب؟ بالطبع نعم! الفكرة تكمن في ألا ننسى أن نقدم للطفل إمكانية اللعب الحرّ يوميًا بما يساهم في نموه.

كيفية الاستخدام؟

المراحل

- توفير وتيرة حياتية تسمح **بأوقات للعب الحر** (دون تعليمات، دون قواعد للعب، دون أهداف...)
- إيجاد **مساحة** لا تكون مرتبة دائمًا، كي يتمكن الطفل من **إطلاق العنان لخياله** (ابتكار عوالم خيالية باستخدام مجسمات صغيرة، بناء كوخ...)
- حصول الطفل على إمكانية اللعب لوحده أو مع أطفال آخرين من عمره، وأصغر وأكبر منه سنًا أيضًا.
- تمكين الطفل من **اللعب خارج المنزل** ليس في الساحة فقط، وإنما في الطبيعة أيضًا (غابة أو حقل ...)، حيث يمكنه أن يستكشف ويجرب، لا سيما تسلق الأشجار، وبناء الأكواخ، والسير على الجذوع، والقفز، والركض (أُنظر الطريقة 31).

معلومات دقيقة

إيجاد مساحة/ وقت للعب الحر لا يعني قلب المنزل رأسًا على عقب، وجعل الحياة خالية من القيود والمواعيد والمخاطر؛ بل يشير إلى فتح المجال أمام الطفل للعب بحرية وبدون تعليمات، في مساحة محمية وبيئة آمنة.

نصائحي

- تعتبر «الألعاب التعليمية» أصدقاء مزيفين للعب الحر. يحتاج أطفالكم للعب بالمكعبات بدل «تيقظ أذهانهم» باستخدام الجهاز اللوحي. وتعتبر المكعبات وقطع البناء الخشبية، فضلًا عن مواد إعادة التدوير (علب الكرتون، الألبسة القديمة...) مصادر لعدد لا متناهي من التجارب.
- لا تخافوا من أوقات الفراغ في برنامج أطفالكم اليومي، ولا تتوتروا إذا قالوا لكم «نشعر بالملل»، فالملل يولد الإبداع. اتركوا الطفل يلعب لوحده، ولا تقترحوا عليه دائمًا نشاطات معينة. تقترح «إيتي بوزين» ترك الأطفال بعض الوقت كي يحلموا. أما «جان إيبستاين» فيعتبر أن الفترات الخالية من النشاطات المعززة للنمو «تحوي ضمنًا الخيال والحلم ... وهي ضرورية للطفل مثلها مثل الحركة».

المراجع
إيتي بوزين، «بابا، ماما، اعطياني وقتًا للحلم»
(Papa, maman, laissez-moi le temps de rêver), Albin Michel, 1995.
جان إيبستاين، «خضراء وغير ناضجة»
(Des vertes et des pas mures), Editions Universitaires, 1990.

الطريقة 27

ركن الابتكار

إن تنظيم مساحة للابتكار يستطيع الطفل (منذ الحضانة) أن يلعب فيها بحرية، يسمح له بدمج الأنشطة الترفيهية الإبداعية ضمن الوقت المخصص للعب. ويتيح له «ركن الابتكار»، تحقيق العديد من الاستكشافات عن طريق التعامل مع الأدوات الموجودة في متناوله.

سبب الاستخدام؟

الرسم، القص، اللصق، الكتابة... نشاطات تندرج كلها ضمن النشاطات الرئيسية منذ دخول الطفل الحضانة. إنها فترة يتعلم خلالها الأطفال كيفية التعامل مع القلم والمقص، ويتدربون على الخط أيضًا. لقد صاروا الآن في عمر يسمح لهم بالحصول على أغراضهم الخاصة، وتكون بمتناولهم متى رغبوا بذلك، والجلوس «لأداء عملهم».

كيفية الاستخدام؟

المراحل

1. **تحضير مساحة للابتكار** يمكن للطفل الوصول إليها بحرية. في حال توفر المكان، يمكن أن تكون هذه المساحة عبارة عن طاولة صغيرة في الصالة أو في المطبخ؛ ويفضل أن تعطى الأفضلية لغرفة مشتركة، لأن الطفل في هذا السن لا يلعب في غرفته الخاصة سوى نادرًا.
2. **ضعوا في متناوله مواد مساعدة في درج أو علبة،** يمكن أن يصل إليها بسهولة. وأتيحوا له لوازم تتناسب مع سنه: أقلام رصاص، أقلام تلوين، مقصات بروؤس دائرية، غراء، شريط لاصق شفاف ومزين، مجلات قديمة، أوراق، أوراق مسودة، دفتر... تساعده على الابتكار، دون أن يضطر لطلب أي مواد يحتاجها، ويوضبها بعد استخدامها.
3. على غرار اللعب الحر، يمكن تخصيص أوقات للطفل، كي يجلس في ركن الإبداع **دون أية إرشادات** من أي نوع من طرفكم.
4. اقترحوا عليه **مساحة مخصصة لتعليق** مشغولاته، ووفروا له شريطًا لاصقًا أو غراء (لتفادي التعليق العشوائي على جدران المنزل!)

معلومات دقيقة

- يمكن تخصيص بعض المواد الداعمة، مثل الرسم أو الأشغال اليدوية بمعجون اللعب، لجلسات هادفة ومحددة في الزمان والمكان.
- فكروا بلمسات التغيير: وضع غطاء ورقي على الطاولة، أو على الأرض، أو تعليقه على الزجاج لابتكار لوحة جدارية، أو الرسم بالطباشير...
- حين يكبر الطفل، يمكن أن تقترحوا عليه ألعابًا مبتكرة مثل رسم الغرافيك أو لعبة الأشكال...

نصائح

- إن تعلُّم الاستقلالية يتطور تدريجيًا، ولا يقتصر الأمر بالتأكيد على توفير أقلام تلوين للأطفال بعمر 3 سنوات!
- عند الأطفال في سنواتهم المبكرة، تكون عملية الابتكار هامة؛ وكي يتمكنوا من أجراء التجارب دون أن يقلقوا من نفاد مخزون المواد لديهم، لا تترددوا في أن توفروا لهم أوراق مسودة، وقد تتفاجأون حين ترون بأن الجهة المطبوعة من الورق تثير اهتمامهم أكثر من الجهة البيضاء. وعندما يكبر الأطفال، يتوجه اهتمامهم نحو النتيجة النهائية لعملهم، ويرافق ذلك قلقهم أحيانًا من الصفحة البيضاء.
- لا تتماشى أعمال التلوين مع الابتكار، لا سيما إن كانت مرتبطة بتعليمات عدم تخطي خطوط الرسم. وعليه، يمكن للأطفال قلب الأوراق، وقصها، ولصقها على أوراق أخرى، وابتكار دمى متحركة...

القصص الأولى

الطريقة 28

عندما نغني ونروي القصص للطفل الصغير نفتح المجال كي:
- نتفاعل بفرح معه
- نرافقه في عمليات الاستكشاف
- نساعده على الربط بين مختلف الأشخاص الذين يهتمون به
- نعرفه على متعة القراءة

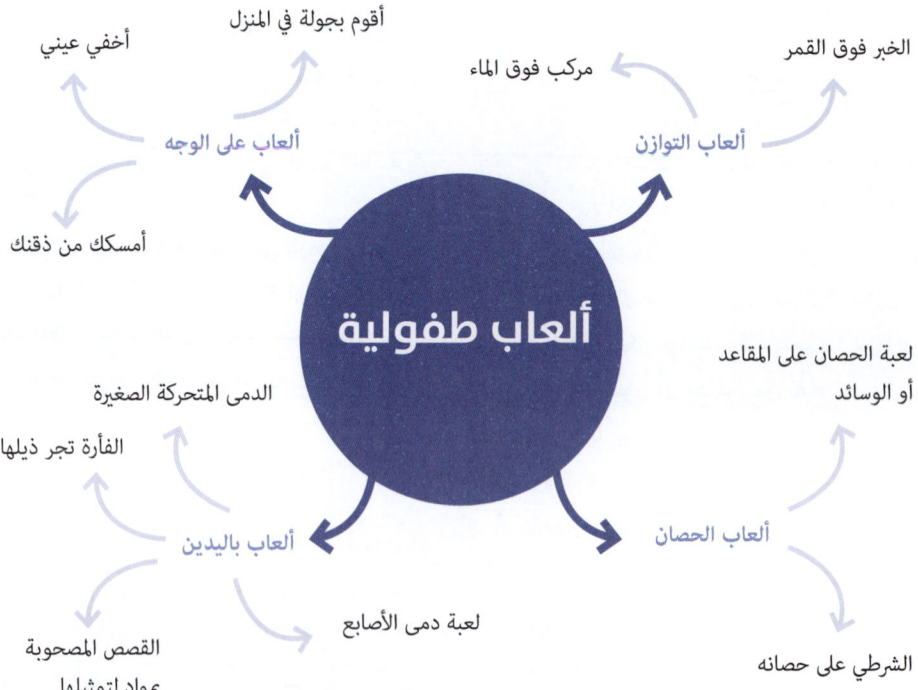

سبب الاستخدام؟

هل صحيح أن الرضع أصغر من أن نحكي لهم القصص؟ بالعكس، تشرح الطبيبة النفسية «ماري بونافي» أن «الرضع يحتاجون للحليب والتدليل والقصص أيضًا». وتبيِّن «ماري-كلير برولي» و«ليا تورن» في كتابهما «قصص وأغاني الأطفال» أنه لا مفر من الاستعانة بالقصص الأولى، لتحفيز نوم الطفل أثناء نموه. وتمكِّن تلك القصص الرضيع من ترسيخ الثقافة لديه، وإرساء أساسات هويته، ومرافقته في استكشافاته الأساسية مثل التعرف على أعضاء جسمه. وتندرج القصص في صلب التبادلات بين الرضيع ووالديه.

كيفية الاستخدام؟

المراحل

1. مثل السيد جوردان (إحدى شخصيات موليير) الذي كتب النثر المقفّى دون أن يتعلمه، أنتم أيضًا رويتم القصص لأطفالكم الرضع دون أن تنتبهوا! تشكل **التهويدات** التي تصحبه حتى ينام، و**أغاني الطفولة** المترافقة مع ألعاب تُعرفهم بأجسامهم ووجوههم، فرصًا عدة للتفاعل معهم، فيستجيبون بابتساماتهم وضحكاتهم الأولى.
2. إذا اتفقنا بأنه يمكن الغناء للطفل الرضيع، قد يبدو **فتح الكتاب** أمامه فكرة طائشة. مع ذلك، تشرح «جويل تورين» في كتابها «هذه الكتب تنمي أطفالكم» أن «الكتاب المصوَّر يديم العلاقة التي نشأت مع ألعاب الوجه، فيغيرها ويقدم علاقة تقارب جديدة». وتشارك «بريجيت دولانج» و«آني روف» تجربتهما في كتاب «هل يملك أدب الطفل ذوقًا رفيعًا؟»، وتقولان: «إن اقتراح قراءة قصة لطفل بعمر الشهرين يسبِّب أحيانًا بعض الاندهاش، لا بل يولد نظرة مستغربة من البالغين المرافقين لهم، علمًا بأن الأطفال الرضع والخدج منهم يبدون رغبة في الاستماع لتلك القراءات المبكرة».
3. يكبر الطفل، ويصبح بإمكانه **التعامل** بسعادة مع الكتب المصنوعة من القماش، والكتب من الورق المقوّى، والكتب البلاستيكية في حوض الاستحمام، وإن سمحتم له بتصفح مجلة، سيستمتع بقلب صفحاتها وتلمس أوراقها... والكتاب بالنسبة للطفل الرضيع يكون شيئًا يستكشفه بيديه وبفمه.
4. تتزايد أهمية الصور والنص تدريجيًا، وتتيح له الكتب **التحدث بمواضيع أساسية** مثل الولادة، معنى الحياة، الآخرين، الحب... وتسهم في تقديم الأجوبة مع طرح الأسئلة أيضًا على الأطفال. تستفز الكتب ذكاءهم و«تفتح المجال واسعًا لخيالهم» وفقًا لما ذكرته «جويل تورين».

المراجع
- مور بونافي
- ماك بروليه
- جويل تورين
- ليا تورن
- بريجيت ديلانج وآني روف

نصيحتي

- تنتقل الصيغ المقفاة وتتطور من جيل إلى جيل. ويمكنها ضمان الاستمرارية بين مختلف الأشخاص الذين يهتمون بالطفل: الوالدان، المربية، المربيات في الحضانة، والأجداد...

الطريقة

29

قصة المساء

قد تشعرون بالتعب متى يحين موعد «العادة اليومية» وهي قصة المساء؛ لكنها خطوة أساسية في يوميات الطفل. من الممكن أن تسترجعوا متعة الحكي في حال أضفتم المزيد من القصص إلى القائمة المتوفرة لديكم، وتغيير طريقة روايتها.

سبب الاستخدام؟

يحين وقت قصة المساء عند نهاية اليوم، في الوقت الذي تشعرون فيه بالتعب ولا يزال أمامكم العديد من الأعمال الواجب القيام بها (تنظيف المائدة، توضيب المطبخ...). لكم كل الحق في أن تشعروا بعدم الحماس لسرد القصص؛ لكن قراءة قصة المساء تعتبر من الطقوس الأهم في حياة الأطفال، وتحصل هذه القراءة في فترة مفصلية من اليوم أي عند موعد النوم، وهي بالنسبة للطفل وقت الانفصال ومواجهة مخاوف الليل. تسمح له قصة المساء بالتشارك معكم أوقات توافق وسيطرة على تلك الفترة المقلقة. وعلى غرار كل القصص، تفتح الباب على عالم الخيال.

كيفية الاستخدام؟

المراحل

1. **تأكدوا من جهوزيتكم فعلًا**، وتفادوا الاستجابة للطلبات الخارجية (أطفئوا الهاتف، أغلقوا الباب، أخبروا باقي أفراد الأسرة بأنكم بحاجة لبعض الهدوء...).
2. اطلبوا من الطفل أن **يختار قصة** من بين 3 قصص اخترتموها مسبقًا (لتفادي رواية القصة ذاتها للمرة الألف).
3. الجلوس براحة.
4. أرسوا **افتتاحية معينة** قبل بداية القصة: اقرعوا الجرس أو ابدأوا بجملة دائمة مثل «افتح أذنيك واسمعني جيدًا...».
5. تأكدوا من **استخدام علامات الترقيم** أثناء القراءة التي تسمح لكم بالتقاط أنفاسكم، أو ضبط نبرتكم. يجنبكم ذلك انقطاع النفس حتى الوصول إلى نهاية الصفحة!
6. يمكنكم في كل الأحوال **اللعب بالقصة** (من خلال تغيير الصوت ليكون أجشًا عند تقليد صوت الذئب، أو بتقليد بعض الأصوات مثل صوت الريح، أو تحريك الأصابع عند الإشارة إلى سير إحدى الشخصيات...) أو القراءة بصوت محايد. ويمكن للنص والصور أن تحفز خيال الطفل.

نصائحي...

- يمكنكم، عند اختيار مكان رواية القصة، توجيه الاهتمام الذي تودون تخصيصه للطفل. قد يختلف المكان كل ليلة، بما يتناسب مع الوقت المتاح لكم واحتياجات كل شخص فيكم. يمكنكم، في بعض الأحيان، تفضيل قراءة فردية في غرفة الطفل، في حين يمكن أن تكون القراءة، في أمسيات أخرى، في غرفة الجلوس. وعلى غرار كل الطقوس، من الأمثل ألا تقعوا في مطب الجمود في روتين ثابت. لا ترددوا في إدخال بعض التغيير.
- لا تحتاج قصة المساء وقتًا طويلًا (من 5 إلى 15 دقيقة). قد تتغير مدتها من يوم ليوم، وبحسب عمر الأطفال، ومدى تفرغكم. فكروا في التفاوض حول طول الكتاب في بداية الجلسة!

لمعرفة المزيد

حيل لاسترجاع متعة السرد

لإزالة الغبار عن الجلسة التقليدية لسرد القصة، يمكن إدخال القليل من التجديد:

- **سرد القصة دون كتاب:** ابتكروا قصة، اِرووا قصة تعرفونها عن ظهر قلب... في حال كنتم تروون قصة كلاسيكية، يمكن تغيير أسماء الشخصيات التي يعرفها الطفل جيدًا فيصبح الذئب «الوحش الأسود الضخم»...
- **سرد أحداث اليوم بالتفصيل:** تروون الأحداث التي مرَّ بها الطفل في ذلك اليوم (استبدال شخصيته بشخصية حيوان صغير يحبه كثيرًا مثل القط أو الكلب أو غيره).
- **رواية قصة مدعومة بمادة غير الكتاب:** دمية متحركة، دمية محشوة، بطاقات القصص...
- رواية قصة أو شعر أو أغنية مداورة...
- تحضير جلسة **خيال الظل** باستخدام مصباح يدوي.
- الطلب من الطفل أن يروي قصة.

رأي المختصين

احترام الحاجة للتكرار

يحب الأطفال أن نقرأ لهم الكتاب ذاته عدة مرات؛ وحتى إن سبب لكم ذلك إزعاجًا، فلا بد أن تنفذوا طلبه مع الاهتمام باحترام النص كما كتبه الكاتب.

«كم يحب الصغار سماع القصة تروى لهم بتكرار، وأن تعاد على مسامعهم كالترانيم، وكذلك الكلمات الغريبة والسحرية نفسها. تسمح ديمومة النص المكتوب بالعودة إليه مرات متكررة، حين نرغب بالاستماع للقصة المفضلة».*

وحتى إن تغير راوي القصة (الوالدان، المربية، الجدَّان...)، يستمع الطفل للقصة ذاتها دومًا، ويمكن أن يستحوذ على الأغنيات كأنها ملكه، ويستخدمها مع ألعابه...

عدم الخوف من القصص المخيفة

لا يمكننا أن نحمي الأطفال من كل المخاطر وكل مسبِّبات الخوف. فالكتب تشير بالكلمات والصور إلى ما يقلق الأطفال، وما يمر بخواطرهم؛ وحين يمثل الراوي المواقف المخيفة والصور المثيرة للقلق، فإنه يأخذ مخاوف الطفل على محمل الجد، ويعترف بوجودها. يتيح الكتاب للطفل، إلى حد ما، الابتعاد عن مخاوفه، بأن يبيِّن له كيف يتجاوز مخاوفه وينجح في دحر المخاطر. «حين يتماهى الطفل مع البطل ويعبر عن مخاوفه بواسطة تلك الكلمات والصور، فإنه يتمكن من إعطاء شكل لمخاوفه القديمة، ويتمكن بالتالي من تحملها».** يسمح الكتاب للطفل بأن يشعر بالخوف بكل أمان، إذ يختفي الوحش عند إغلاق الكتاب، ما يعني أن الكتاب لا يخيف الطفل أو يجعله بخطر.

القارئ الصغير يصبح كبيرًا

كيف يمكن للطفل أن يعتاد على متعة القراءة، بالإضافة إلى قصة المساء؟

- **تخصيص وقت للقراءة:** يعيق الجدول الزمني المزدحم والوصول الحر للشاشات القراءة، وغالبًا ما يكون لدى الأطفال الذين يقرأون الوقت الذي يُشعرهم «بالملل»، ولذلك يلجأون للكتاب...
- **مشاركته متعة القراءة:** من خلال سرد القصص، واقتراح أمسية عائلية للقراءة أيضًا... وتكون قوة المثال والقدوة أكثر فاعلية من كل التعليمات الأبوية!
- **تفادي الحكم على القراءة وترتيبها وفق أولويات:** الكتب المصورة وكتب «مانغا» من المحفزات على القراءة. يمكن للطفل الذي يتصفح دليل الكتب أن يتخيل مغامرات مذهلة... لكن ذلك لا يحول دون اقتراح قراءات أخرى على طفلك.
- **افتحوا الباب لزيارة المكتبات ومتاجر الكتب:** زيارة المكتبات تشبه مغامرة البحث عن الكنز بالنسبة للأطفال. وشراء كتاب من متجر للكتب، قد يشكل طقسًا راسخًا لدى طفلك في بداية العطلة؛ ومجددًا، دعوا الطفل يختار الكتاب أو الكتب التي تجذبه، ويمكن أن تتفقوا معه مسبقًا عند زيارة المكتبة بأن يختار كتابًا مصورًا ورواية صغيرة...

شهادة

«عندي أربعة أطفال وأنا شديدة الانشغال، ولم أكن أحيانًا أقرأ لهم قصة المساء. لكني أتذكر جيدًا اليوم الذي قرأت لهم قصة الأمير الصغير (لكل منهم بوقت مختلف وبحسب أعمارهم). حصل ذلك، في كل مرة، في فصل الصيف. كنت دائمًا أبدأ بالقول بأني سأتوقف عن القراءة في اليوم التالي، وكانوا يقولون لي: «سنتابع»، واستمرينا بقراءة الكتاب حتى النهاية، إلا في الحالات التي انتزع بها أطفالي الكتاب من بين يدي لكي يكملوا القراءة لوحدهم، لأن قراءتي لم تكن سريعة بالقدر الكافي!» (وفاء)

المراجع

*لوس دوبراز، «هل يملك أدب الطفل ذوقًا رفيعًا؟» (La Littérature jeunesse a-t-elle bon goût?)، الوكالة الوطنية للممارسات الثقافية حول أدب اليافعين، Eres, 2005.

** جويل تورين، «هذه الكتب تساعد في نمو أطفالكم» (Ces livres qui font grandir les enfants), Didier Jeunesse, 2012.

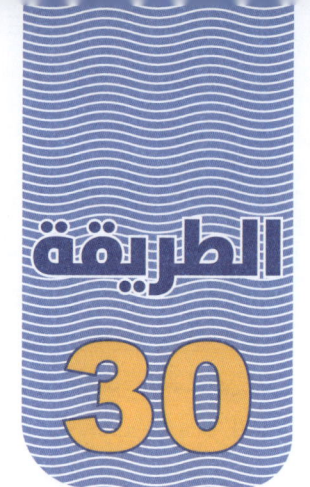

الطريقة 30

القصص لأطفال يستكشفون القراءة

إن الاستمرار في قراءة القصص للأطفال الذين يستكشفون القراءة، يساعدهم على تخطي المصاعب التي تواجههم عند «المباشرة بالقراءة»، وهي فرصة لهم لتطوير قراءتهم لنصوص أكثر تعقيدًا أيضًا. وتجمع هذه الأوقات الأسرة كلها في وئام أسري سعيد؛ وعندها، يحين الوقت لإيقاظ الراوي المختفي داخلك، وإعادة إنعاش متعة القراءة بصوت عال و/أو متعة قراءة القصص في المساء!

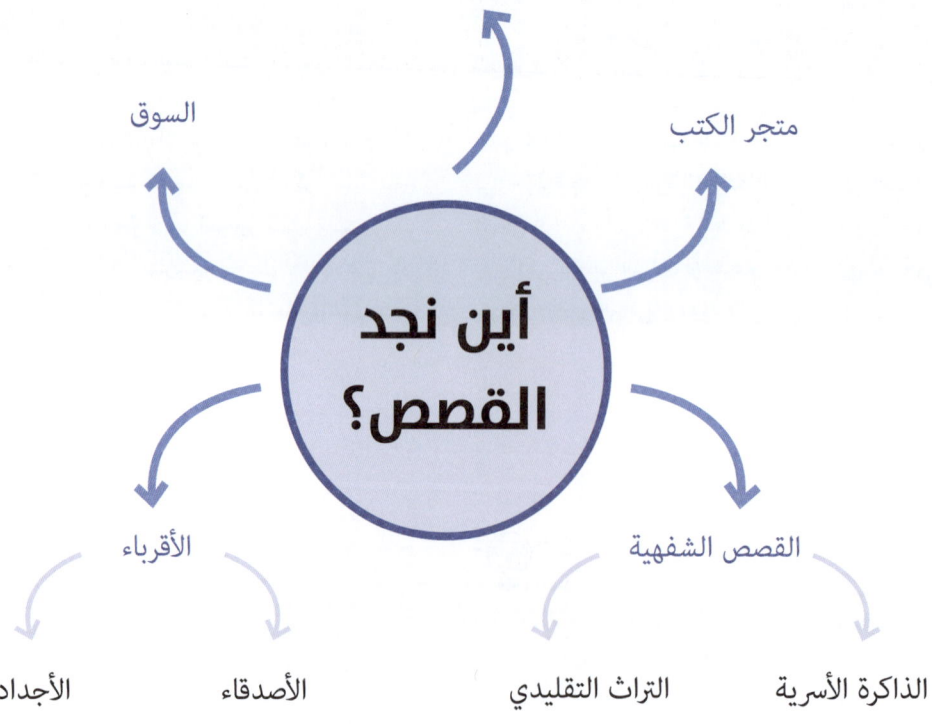

سبب الاستخدام؟

يبدأ الأطفال بالقراءة لوحدهم، فتتوقفون عن سرد «قصة المساء» التقليدية لهم. إلا أن الأطفال القادرين على القراءة متعطشون للقصص (تمامًا مثل البالغين!). استفيدوا من فضولهم لتقديم قصص أصيلة لهم، ما يساعدهم على الوصول إلى نصوص أكثر تعقيدًا. من جهة أخرى، يحتاج بعض الأطفال لبعض المساعدة من أجل «دخول عالم القراءة»، ولكن ما إن يبدأوا بقراءة القصة، حتى يشعروا بالرغبة في متابعة القراءة لمعرفة نهايتها. ويمكن للقراءة بصوت عال أن تساعد الطفل على إنهاء الكتاب الذي يتعين عليه قراءته بتكليف من المعلمة...

كيفية الاستخدام؟

المراحل

1. ابحثوا عن **لحظات هادئة** تكون متاحة أمامكم. يمكنكم تحديد موعد منتظم لوقت القراءة، مثل صباح أو مساء يوم العطلة الأسبوعية، أو على الطريق خلال السفر...
2. اختيار الوسيلة الأكثر ملاءمة للأطفال المستمعين وللنص الذي تقرؤونه؛ وحين تنوون قراءة رواية مثلًا، يمكن أن تقترحوا على الطفل قراءة فصل منها **بصوت عال**، وتبادلوا ذلك مداورة. وفي حال كانت القصة شفهية ولا تستند إلى نص، من الأفضل إعادة إحياء القصة في أذهانكم قبل البدء بروايتها.
3. إن أردتم تعزيز الرغبة في القراءة، يمكنكم **إطلاق «نادي للقراءة»**، وابدأوا بسرد قصة تعرفونها وتحبونها، وليأخذ كل فرد من أفراد الأسرة دوره.

الوحي

يحوي التراث القصصي عددًا لا نهائي من القصص للأطفال «اليافعين»، وفي ما يلي بعض الأفكار:

- **الروايات الخرافية** المندرجة ضمن البرنامج المدرسي، إذ يمكن للأطفال أن يستكشفوها بفضل مقتطفات مصحوبة بصور أو بدونها. وقبل ظهور برنامج «ستار وورز»، كان عالم القصص يزخر بالأبطال الخارقين، ولذلك لا ينبغي إهمالها!
- **الحكايات التقليدية** التي تتخلل نسخاتها الأصلية بعض الأحداث الدامية، ولكن لا بد من قراءتها لما فيها من إفادة.
- **الحكايات من التراث العالمي**، ويمكن أن نجدها ضمن مجلدات عديدة، وللأكبر سنًا مثل «حكايات ألف ليلة وليلة». وتتيح التعرف على التقاليد وتقدم عوالم مختلفة تمامًا عن تلك الموجودة في الثقافة الغربية.
- **الروايات الأدبية لليافعين**، ويمكن البدء بقراءتها معهم، قبل جعلهم يواصلون قراءتها لوحدهم، أو تلك التي يمكن أن تتناوبوا على قراءتها معًا وبصوت عالٍ.

شهادات

«قبل أن أعطي طلابي في المرحلة الإعدادية كتابًا للقراءة، أبدأ بقراءة الفصل الأول بصوت عالٍ في الصف، فذلك يسمح لهم بالدخول في عالم القصة». (فائزة، معلمة اللغة الفرنسية)

«إنها قصة امرأة تدعى مرسيديس، ولكنها ليست سيارة... هكذا يبدأ ابني رواية قصة «كونت دي مونت كريستو» لإخوته وأخواته. حين يروي القصة بهذا الشكل، لا بد أن ينجذبوا إليها بالتأكيد!» (طلال)

الطريقة 31

النزهات في الهواء الطلق

توفر النشاطات للأطفال في الهواء الطلق عمومًا، وفي الطبيعة خصوصًا، فرصًا للاستكشاف وفهم العالم من خلال المراقبة والتجربة واللعب؛ وكذلك عن طريق تطوير مهاراتهم الحركية: إنها فرص متاحة لمشاطرة الأوقات الودية، بعيدًا عن الأحداث العرضية التي قد تحدث خلال اليوم.

في الهواء الطلق، يمكن للأطفال...

المراقبة
الاستكشاف
الفهم

الحلم
التأمل
الابتكار

الالتقاط
الجمع

السير
الركض
القفز
التسلق
التدحرج

اللعب

؟ سبب الاستخدام

أنتم تعيشون في المدينة، وتصطحبون أطفالكم بانتظام إلى المنتزه العام؛ يلعبون على الأرجوحة وبالرمل، في حين تجلسون أنتم بصبر على المقعد. تشكل زيارة المنتزه عبئًا بالنسبة لكم أكثر من أي شيء آخر. لكن النزهات في الهواء الطلق تسمح لكم بتمضية أوقات نوعية مع أطفالكم، إذ أنها بمثابة ساحة مميزة للعب والاستكشاف ومراقبة تعاقب الفصول (مصدر مختلف عن الكتب المصورة)، واستكشاف الطبيعة وسبل الارتباط بها، إضافة إلى أنها تفتح المجال أمام التعرف على قدرات الجسد وبذل الجهد، وتوفر شعورًا عارمًا بالحرية.

كيفية الاستخدام؟

المراحل

استنادًا للمكان الذي تسكنون فيه، والفصل والوقت المتاح لكم، يمكن التناوب على «النشاطات» التالية:

1. **حصول الطفل على وقت هادئ** دون برنامج مسبق، كي يراقب ويستكشف الطبيعة، ويبني كوخًا... ويمكن مثلًا الذهاب في نزهة إلى الريف أو للمنتزه، وتناول وجبة في الهواء الطلق، والسماح له باستكشاف تلك المناطق. اصحبوا معكم كتابًا أو مجلة، ففي حال لم تجدوا ما يشغلكم، قد تشعرون بالرغبة في العودة إلى المنزل، إلا إذا استفدتم من هذا الوقت للاسترخاء، والتفكير في اللحظة الحاضرة، وليس بكومة الغسيل التي تنتظركم، أو بقائمة المشتريات التي عليكم شراءها... وعند تمكنكم من تجاهل الواجبات اليومية، لا بد أن تستفيدوا من هذه النزهة بدوركم.

2. **اعرضوا عليه نزهة أو جولة قصيرة...** لتحفيز الطفل، قد يكون مفيدًا أن ترسموا هدفًا لتلك النزهة (استكشاف مكان ما، وجبة في الطبيعة، السباحة في بحيرة...) وتأخذوا معكم مؤونة للطريق (حلويات أو فواكه مجففة والماء بالتأكيد)، فضلًا عن أفكار عن بعض القصص أو الأغنيات.

3. **تنظيم الألعاب**: بدءًا بلعبة الكرة وصولًا إلى الألعاب والمنافسات الجماعية، لا تترددوا في المشاركة ورفع مستوى المرح، عوضًا عن البقاء جالسين على مقعد بانتظار انتهاء اللعبة.

4. **الانطلاق في عملية جمع وقطف** منظمتين إلى حد ما، وفقًا للمكان الذي تتواجدون فيه والفصل، عندها يمكن للأطفال جمع الأوراق، وحبات الكستناء، والحصى، والخشب...

5. تشجيع الطفل على الانخراط في **نشاط جسدي**: مشاركة الجميع في سباق لمسافة معينة، تنظيم مسير ويصحبكم الطفل على دراجته الهوائية...

نصائحي...

- عندما يكون الطقس حارًا في الصيف، يمكن تخصيص أوقات للعب بالماء.
- في حال لم يتسن لكم الخروج في الهواء الطلق، زوروا مزارع وحدائق موجودة في الأرياف وبعض المدن الكبرى؛ ويمكن زراعة بعض النباتات في المنزل!
- إن كنتم تعيشون في المدينة، يمكن تنظيم جلسة رسم بالطبشور على الأسفلت.

الطريقة 32

الأكواخ

يمكن بناء الكوخ داخل المنزل بالاستعانة بقطعة قماش كبيرة وبعض الوسادات. وفي الهواء الطلق، يستكشف الأطفال غالبًا الأشجار التي يمكن أن تبنى عليها الأكواخ؛ والكوخ عبارة عن مكان خاص بالأطفال، إذ يحبون تهيئته واللعب فيه، لأنه مكان لا يتسع للكبار.

؟ سبب الاستخدام؟

الجو ماطر، ولم تحضِّروا لأية نزهة، ولكن الأطفال في حالة من الملل والضجر... وأنتم قررتم البقاء في المنزل خلال هذه الإجازة... تتساءلون كيف يمكن تحويل «اللابرنامج» إلى نشاط يحبه الأطفال... إنه الوقت المثالي لبناء كوخ! وستكتشفون مجددًا بأنه ليس من الضروري الذهاب بعيدًا «للسفر».

كيفية الاستخدام؟

المراحل

يمكن أن يتخذ الكوخ أشكالًا مختلفة وفقًا للوضع:

1. **كوخ تحت الطاولة:** يحتاج لقطعة قماش كبيرة تتدلى على جوانب الطاولة، وتثبت ببعض الكتب الثقيلة.
2. **كوخ من الكرتون:** يمكن بناء كوخ أكثر ديمومة باستخدام صندوق كبير من الكرتون المقوى، وقص نافذة وباب في أحد جوانبه. ويمكن إضافة بعض الزينة عليه، مثل الإضاءة داخله، والطلب من الطفل تزيينه بالرسوم من الخارج.
3. **كوخ في الحديقة:** يمكن لخيمة في الحديقة أن تكون موقعًا للعب خلال الإجازة، وقد تكون بالنسبة للأكبر سنًا مكانًا ينظمون فيه وجبة طعام سريعة، أو يأخذون قيلولة، أو يقضون فيها أول ليلة «بدون الوالدين»...
4. **الكوخ على شجرة:** يمكن للأكبر سنًا بناء كوخ فعلي.

أفكار مبتكرة

- لا تضغطوا على أنفسكم لبناء كوخ بمواصفات معقدة. فتعريف الكوخ يوضح أنه ملجأ مؤقت يبنى بما يتوفر من مواد. من جهة أخرى، يحب الأطفال أن يتمكنوا من توضيبه بأنفسهم، ما يسمح لهم باعتباره خاصًا بهم. وتنطوي مهمتكم بالدرجة الأولى على «السماح» لهم بشغل زاوية في غرفة الجلوس، والحصول على مواد ضرورية (شرشف، ملاقط غسيل، وسادات، مصباح يدوي...).
- احتفظوا بصناديق الكرتون التي حوت أدوات كهربائية سابقًا، لاستخدامها عند الحاجة. بالنسبة لـ «جان إيبستاين»، تشكل صناديق الكرتون القديمة «سندًا للأحلام»، ففيها يمكن للأطفال الاختباء، وابتكار منازل ومتاجر...
- لا يتماشى بناء الأكواخ مع التنظيم، فالكوخ مساحة تترك للخيال الحرية لابتكار الألعاب، والحلم، والقراءة، والاسترخاء...

شهادات

الأكواخ تناسب الكبار أيضًا! «حين كنا في كندا، قررت أن أبني كوخًا صغيرًا في زاوية حديقتي. في مكان يمكن أن أدعو إليه صديقاتي لقضاء أمسيات حصرية للبنات...». (سابين)

«بنيت كوخي في قبو منزلي. صحيح أن المكان بارد وغير مريح، ولكنه مكاني الخاص. يمكنني أن أستمع فيه إلى الموسيقى ودعوة أصدقائي...». (تامر)

المراجع
جان إيبستاين، «المستكشف الأعزل»
(L'Explorateur nu) éd. Universitaires, 1999.

الطريقة 33

البحث عن الكنز في المتحف

زيارة المتحف تحفز الأطفال وتثير فضولهم، إذا جعلناها على شكل لعبة البحث عن الكنز، وبدل أن تبدو لهم أحيانًا واجبًا قسريًا، تتحول إلى وقت للاستكشاف والوئام.

سبب الاستخدام؟

لا يحبذ الأطفال الذهاب إلى متحف فني، ويفضلون الذهاب إلى لعبة اللايزر، أو المنتزه، أو السينما، عوضًا عن مصاحبتكم لمشاهدة معرض. لكن يكفي أحيانًا تشجيعًا بسيطًا، كي يثار فضول الطفل، ويستفيد من السنوات التي يكون فيها راغبًا في النهل من المعارف والاستكشافات؛ ولتحقيق ذلك، اجعلوا الطفل مسؤولًا عن التخطيط أو عن وضع قائمة بالكنوز الذي يجب إيجادها أثناء الزيارة.

هذه الطريقة مخصصة للأطفال الذي يرتادون المدرسة الابتدائية.

كيفية الاستخدام؟

المراحل

1. استخدموا **بطاقة البحث عن الكنز** المقترحة في نهاية الكتاب (أو تخيلوا بحثًا عن الكنز يتناسب مع المتحف الذي تنوون زيارته) وخذوا معكم قلمًا ودفترًا يمكن الاستعانة به للكتابة أو الرسم.
2. عند وصولكم إلى المتحف، اذهبوا **للبحث عن «الكنوز»** الواردة في البطاقة. وكلما وجدتم كنزًا، يمكن للطفل أن يرسم التحفة التي وجدها أو تفصيل منها، وتدوين اسمها، واسم الفنان، وتاريخ تنفيذ التحفة.
3. في هذه الأثناء، يمكن التوقف لمدة أطول عند بعض التحف **للتمعن في مشاهدتها**. ولا تترددوا في الجلوس على الأرض للاسترخاء. تمعنوا، مثلًا، في الألوان التي استخدمها الفنان في رسم الجلد، والسماء... قد تكون بعض هذه التحف مميزة. **استكشفوا التفاصيل** التي لا نراها في حال نظرنا إلى التحفة سريعًا جدًا: شخص أو حيوان لم نتنبه له في بداية الأمر...صفوا التحفة سويًا، واستحضروا المشاعر التي تثيرها فيكم. يمكنكم أيضًا ابتكار قصة عن هذه التحفة (اتركوا العنان لخيالكم، فأنتم لستم في درس تاريخ الفنون!)
4. في حال مررتم على **بعض التماثيل**، يمكنكم تقليد وقفتها، وفي نهاية الزيارة، اختاروا بطاقة بريدية للاحتفاظ بها مع قائمة الكنوز المستكشفة.

نصائحي

- من الأفضل اختيار بعض التحف وتركيز اهتمامكم عليها، والتوقف أمامها لبعض الوقت، عوضًا عن المرور بسرعة أمام كل المجموعة الموجودة في المتحف. ولكي تنجزوا الزيارة على أتم ما يرام ولا تجعلوها سباقًا ماراتونيًا، من الضروري أن يكون الوقت متاحًا أمامكم، وإن كنتما بالغين اثنين، وأردتما الاستفادة أكثر من الزيارة، تناوبا على مرافقة الصغار.
- يمكنكم أيضًا أن تسلموا للأطفال مخطط المتحف، وتطلبوا منهم إرشادكم، وفقًا لمسار متفق عليه بينكم مسبقًا. ويوجد أيضًا كتيبات للزيارات وورش عمل في أغلب المتاحف.
- حين يكون الأطفال صغارًا في السن ولا يجيدون القراءة، اصطحبوا معكم كتيّبًا وأقلام تلوين، واقترحوا عليهم أن يختاروا في كل قاعة تحفة يحبونها، وأن يجلسوا لرسمها أو يستوحوا منها رسمًا ما.

الطريقة 34

كتيِّب السفر

إن إعداد الأطفال كتيب للسفر خلال العطلات، يتيح لهم العمل بطريقة مسلية، وبالتالي يتعلمون كيف يصيغون أفكارهم.

سبب الاستخدام؟

لم تجدوا أن إعداد كتيبات السفر أمر ممتع، ولكنكم تبحثون عن «نشاط» لا يعتبره الطفل مزعجًا خلال الإجازة. ويشكل إعداد كتيب السفر أداة تسمح للأطفال أن يتعلموا صياغة أفكارهم. ويصبح هذا التمرين البسيط على الكتابة والإبداع اليومي مناسبة لاستكشاف متعة الكتابة.

كيفية الاستخدام؟

المراحل

1. **اختيار دفتر جميل الشكل** أو دفتر للواجبات العملية (تتوالى فيه الصفحات المسطَّرة والصفحات البيضاء) وتحضير مقلمة تحوي أقلام حبر وأقلام تلوين ومقصات وغراء.
2. خلال النزهات أو الزيارات، **اجمعوا المطويات**، والأوراق، والأغراض الصغيرة غير السميكة...
3. خصصوا كل يوم **فترة هادئة** «للعمل» على كتيب السفر. ويمكن للأطفال أن يدونوا ويرسموا (رسم ملون، رسم اسكتش، كولاج...) أحداث اليوم. وإن كانوا صغارًا في السن، يمكنكم أن تدوِّنوا انطباعاتهم.
4. يمكن أن يخصص الوقت المتعلق بكتيب السفر في الموقع المختار أثناء الزيارة. إنها فرصة **للتوقف لفترة في الموقع** المنوي استكشافه بعناية، ورسمه، ووصفه. يمكنكم ذلك من تخفيف سرعتكم والاستفادة من هذا الوقت.
5. **كتيب السفر لا يقتصر على الأسفار خارج البلاد؛** ولا يحتاج الأطفال اجتياز القارات بغية اختبار استكشافاتهم ممتعة، وبذلك يمكن تدوين وصفة طعام من وصفات الأجداد، أو وصف فراشة كانت تطير في الحقل...

أفكار مبتكرة

- كي يقبل الطفل مرافقتكم في هذه المغامرة، أخبروه عن المستكشفين والبحارة الذين كانوا يحتفظون بدفاتر رحلاتهم، وعن علماء الطبيعة الذين جمعوا معلوماتهم المكتشفة خلال أسفارهم الاستطلاعية، وقدموا له أمثلة عن كتيبات سفر موجودة في المكتبة أو في متاجر الكتب أو على الإنترنت.
- لا يوجد قاعدة؛ ويمكن ابتكار كتيِّب للسفر على طريقة الطفل، سواء كان فرديًا أو جماعيًا، أدبيًا أو علميًا، وأن يختار كمية النصوص فيه، أنواع الرسومات المختلفة. يمكن مثلًا وضع علبة صغيرة من التلوين المائي بين أغراضكم.

شهادات

«احتفظت بكتيِّبات السفر التي عملت عليها خلال طفولتي، إنها عزيزة على قلبي. الصور محفورة في ذاكرتي، تمامًا كما أشواك قنفذ البحر التي ألصقتها على أحد الكتيبات!» (لارا)

«أعددنا خلال أحد الأسفار كتيب سفر عائلي؛ وكان كل واحد بدوره يدوِّن أو يرسم عليه، في حين كان بعضنا يدوِّن على صفحات منفصلة أحيانًا، فكنا نعود ونلصقها بالكتيب بعد ذلك. أحتفظ بهذا الكتيِّب مع ألبومات الصور، وكنا نعود إليها لتصفحها بكثير من المتعة، على شكل احتفالية للإجازات العائلية». (سلام)

الطريقة

35

استقبال المشاعر

إذا اجتاحت الأطفال الصغار مشاعر غامرة، فإنهم لا يتمتعون بالنضج الكافي للسيطرة على أنفسهم. إن الوجود المطمئن والمريح لشخص بالغ يساعدهم على استعادة رباطة جأشهم، فيتعلمون كيف يتحكمون بمشاعرهم حين يكبرون.

سبب الاستخدام؟

إذا تشاجر طفل مع شقيقه، أو مع صديق أخذ منه اللعبة التي يرغب بها، أو حين يقع، أو يُقابل طلبه بشراء حلويات بالرفض، تجتاحه مشاعر فياضة، وينفجر باكيًا، ويصرخ ويضرب. تشعرون بالتعجب من ردة فعله هذه التي تحصل أحيانًا في مكان عام. كيف تتصرفون؟ كيف تساعدونه؟

كيفية الاستخدام؟

المراحل

1. إذا أصيب الطفل بحالة غضب، خذوا ما يكفي من الوقت **لطمأنته** واحتضانه إن تمكنتم من ذلك كي يهدأ، وواسوه دون أن تقولوا له «الأمر بسيط»، أو «توقف عن البكاء»، أو «لقد انتهى الأمر»، لأن الموضوع بالنسبة له خطير ولم ينته بعد. وعلى العكس، يمكن لإيماءاتكم أن تكون مصحوبة بكلمات مريحة: «أفهم بأن الأمر صعب عليك، وبأنك تعاني، وبأنك غاضب...».
2. اقترحوا على طفلكم أن **يعبر عن مشاعره بالكلمات**، فذلك يسمح له أن يستوعب الوضع، ويضعه في الإطار الصحيح. ولمساعدته، يمكن أن تطرحوا عليه أسئلة مثل هل تشعر بالألم؟ هل أنت حزين؟ هل أنت غاضب...؟ يمكنكم أيضًا إعادة صياغة ما عبَّر عنه، وأن تسألوه إن كنتم قد فهمتم وضعه جيدًا.
3. حين يطمئن الطفل لوجود **من يستمع إليه** ويواسيه، يشعر بالأمان، ويدرك بأنه يستطيع التعبير عن مشاعره، وطلب المساعدة... لكن الاستماع إليه لا يعني بالطبع القبول بكل ما يطلبه.

المراجع:
الدكتورة كاثرين غيغيان، «من أجل طفولة سعيدة. إعادة التفكير بالتعليم في ضوء الاكتشافات الأخيرة عن الدماغ»، روبير لافون، 2014.

المزيد من الأفكار

حين يشعر الأطفال بموجة من المشاعر، خلافًا للبالغين، لا يستطيعون التحكم بمشاعرهم والتفاعل بعقلانية لعدم نضوجهم العقلي، لذلك يكون وجود البالغين خلال تلك الأوقات العاصفة هام. لا يكمن فرض الحل بالعقاب أو الشعور بالغضب تجاههم، وإنما الأفضل طمأنتهم، ومواساتهم، والاستماع إليهم. على المدى القصير، يمكِّنهم ذلك من تهدئة موجة المشاعر؛ وعلى المدى المتوسط، يتعلمون كيف يهدئون أنفسهم؛ وعلى المدى الطويل، يؤثر ذلك على تطور أدمغتهم.

نصائحي

- ليس من السهل البقاء هادئين في مثل تلك الظروف المتأزمة. ولكم كل الحق بأن تشعروا بالحيرة إزاء ردة فعل الطفل التي تبدو لكم مبالغ فيها، دون أن تتمكنوا من الاحتفاظ بهدوئكم. لا تشعروا بالذنب، بل خذوا الوقت للتفكير وإيجاد طرق وحيل، كي تتصرفوا بطريقة مختلفة في المرة المقبلة. يمكن التحدث عن هذا الموضوع لاحقًا مع الأطفال الأكبر سنًا.
- إن كنتم في مكان عام، انسوا نظرات الآخرين، وركزوا على علاقتكم مع الطفل المنفعل.
- من الضروري أن يتعلم الطفل كيف يعبر عن مشاعره، وأن تبينوا له كيف يقوم بذلك؛ وحين يتصاعد الغضب، أو تشعرون بالحزن، يمكنكم أيضًا أن تقولوا لأنفسكم «أنا منزعج، وأشعر بالتعاسة...»، أو «أنا سعيد».

الطريقة 36

تفهم الغضب

الغضب هو وسيلة يستخدمها الطفل للتعبير عن عدم الرضا، والتغلب على الإحباط، وهو أمر طبيعي ويجب الاستماع إليه. ويسنح توفير بيئة أمان ومواساة للأطفال الأصغر سنًا بتخطي مرحلة الغضب واستعادة الراحة. وعندما يكبر الأطفال، يستطيعون تعلم كيفية إظهار غضبهم بأنفسهم، والتحدث بهدوء أكبر عن أسباب عدم رضاهم (مثلما يحاول الكبار تمامًا).

قبل أن تكون اللغة الشفهية مفهومة بالنسبة للأطفال، يستخدمون لغة الجسد

جان إيبستين

الغضب أداة للتحكم بالإحباط، لا يجب محوه، بل يجب اختباره والشعور به، ومن ثم تخطيه

إيزابيل فيليوزات

سبب الاستخدام؟

تثير مشاعر الغضب في مرحلتها الأولى حالة من الارتباك، وتكون عميقة وطويلة إلى حد ما. ولا يكون الطفل بحالة مزاجية جيدة، بل يعاني من الإحباط ويعبر عن غضبه بالصراخ والبكاء والإيماءات العنيفة. قبل اكتساب اللغة، يعبر الطفل بجسده؛ ومن الضروري الاستماع إلى هذا الغضب، حتى لو لم يكن فهمه ممكنًا على الدوام.

كيفية الاستخدام؟

المراحل

الغضب ظاهرة طبيعية حتى وإن كان من الصعب معايشته بوصفكم آباء. من المهم الاستماع إلى هذا الغضب مع تطمين الطفل بأنه في أمان (كي لا يؤذي نفسه أو غيره).

1. إن كان الطفل صغيرًا في السن، حاولوا مواساته عبر **احتضانه** إن استطعتم. وإن كان الطفل أكبر سنًا، فقد يحتاج لبعض الوقت للتعبير عن غضبه.
2. بيّنوا له بأنكم استمعتم لغضبه بالقول له «أعلم بأنك غاضب جدًا»، ثم اطلبوا منه أن **يعبّر** عن غضبه. ويمكن إعادة صياغة كلامه، لكي تثبتوا له بأنكم أدركتم وضعه جيدًا.
3. يحتاج الطفل فيما بعد إلى **بعض الوقت كي يهدأ**. لا يعني ذلك أن تفرضوا عليه البقاء في غرفته أو «في ركنه». يمكن أيضًا الانضمام إليه ومواساته في تلك اللحظة، والاستماع إلى الطفل ومواساته لا يعني الرضوخ لموضوع غضبه.

غضب الوالدين

- **مسرحية الغضب**: من المهم التمييز بين افتعال الغضب والغضب الحقيقي. قد يفيد «لعب دور الغاضب»، و«التحدث بصوت عال» مع التحكم بالمشاعر في بعض الظروف. وذلك لا يعني إطلاق الصرخات، فالسلطة لا تترجم بالصراخ. ونحن نصرخ حين نعجز عن فرض الاحترام لسلطتنا.
- **انفجار الغضب**: تتطلب الحياة اليومية مع الأطفال انتباهًا دائمًا، وقد يحصل أحيانًا أن تكونوا متعبين ومنزعجين. تكمن المخاطرة إذا داهمكم الغضب الفعلي، وبدأتم بالصراخ، والتفوه بكلمات عنيفة... إذا شعرتم بتلك المشاعر تجتاحكم، يكون الوقت قد حان للحصول على استراحة. لكن قبل الابتعاد، تأكدوا بأن الأطفال في أمان، ونبهوهم بالقول: «أشعر بالغضب الشديد وأحتاج لأن أهدأ». أعطوهم الوقت الكافي للاستماع لغضبهم واستعادة السكينة، ثم عودوا إليهم للتحدث بهدوء عما حدث.

نصائحي

- من الضروري أن نتفهم أسباب الغضب. هل الطفل متعب؟ هل تخيم على منزلكم فترة من التوتر؟ إن كان الطفل يغضب كل صباح لدى توجهه إلى المدرسة، فتلك إشارة إلى أن الأمور ليست على ما يرام. خصصوا الوقت الكافي للتحدث معه ومع معلمته.
- غالبًا ما تخفف طقوس الحياة اليومية نوبات الغضب؛ فالطفل الذي اعتاد العيش في إيقاع مطمئن وآمن يعرف قواعد الحياة المنزلية، ويعرف بأنها ستحترم.

الطريقة 37

الفقاعة

تعلم الفقاعة إعادة التركيز، وتعتبر أداة قيمة للأطفال والبالغين. نبدأ مع الطفل بتمارين التنفس والتدليك الذاتي قبل «دخوله إلى الفقاعة». وحين يتمكن الطفل من السيطرة على تلك التقنية، يمكن أن يستخدمها لاسترجاع تركيزه عندما يكون حزينًا، أو قلقًا، أو غاضبًا...

سبب الاستخدام؟

يشعر الطفل ببعض القلق، فيعجز عن النوم، وتصبح العلاقات متوترة في المنزل أو في المدرسة... تودون أن تبينوا له كيفية الاسترخاء. لا شك بأن تعلم كيفية الاستراحة والتركيز مجددًا هدية حقيقية؛ وفي حال لم تكونوا متمرسين في استخدام تقنيات الاسترخاء أو التأمل، فهذه فرصة جيدة لتجربتها.

كيفية الاستخدام؟

المراحل

1. **اختيار مكان هادئ** والجلوس على كرسي بلا ظهر أو على الأرض.
2. **لاستعادة العلاقة مع الجسد**، تنفيذ بعض الحركات البسيطة المستلهمة من التدليك الذاتي الصيني:
   - نفرك الكفين ببعضهما بعضًا (لاستجلاب الحرارة)
   - نربت على الجمجمة بأطراف الأصابع
   - نمرر كف اليد اليسرى على الكتف الأيمن ومنه على الذراع اليمنى، ثم العودة صعودًا نحو الكتف بتكرار، ثم تطبيقها على الجهة المقابلة.
   - رسم دوائر على الركبتين بباطن الكفين.
3. في هذا الوقت، نركز والطفل مجددًا وتدريجيًا على **التنفس**، وقد يثير ذلك التثاؤب، فاسمحوا به ولا تمنعوه.
4. عند الشعور باسترخاء جسدنا، نغلق العينين ونتنشق عميقًا، ثم نزفر الهواء ببطء كأننا ننفخ **فقاعة خيالية** حولنا.
5. سواء كانت شفافة أو ملونة، تتخذ هذه الفقاعة الشكل الذي ترغبون به. فهي ناعمة وتحمينا، ونشعر بالراحة داخلها. **دعوا مشاعر الراحة تأتي إليكم**، واطردوا إلى الخارج الهموم والأشخاص الذين يسببون الإزعاج دون الشعور بالتأثر. ابقوا في الفقاعة وتجاهلوا الأصوات الخارجية.
6. عند الشعور بالراحة وبإيقاعها المناسب لنا، نفتح العينين ونقوم بحركات **التمدد** قبل العودة إلى حياتنا اليومية.

أفكار مبتكرة

- توجيهاتكم الشفهية للطفل طوال جلسة الاسترخاء، لا يمنعكم من المشاركة بها بأنفسكم. فالاسترخاء لا يحصل فورًا، وقد تكون المحاولات الأولى مقتضبة وتنتهي بضحك مفرط، ولا بأس بذلك. لكن لا ترددوا في المثابرة عليها.
- يمكنكم إجراء تلك الجلسة داخل المنزل أو خارجه.
- الفقاعة تقنية استرخاء من ضمن تقنيات أخرى، يمكنكم أيضًا دعوة الطفل لتخيل المكان الذي يحبه جيدًا وإرساء هذا المكان بوصفه مصدرًا للراحة، يفكر به كلما احتاج إلى ذلك. يمكنكم الحصول على قرص مدمج (سي دي) خاص بتمارين التأمل، أو الاشتراك بتطبيق إلكتروني أيضًا.

شهادات

«منذ أن كبرت بناتي، استبدلنا قصة المساء بجلسة استرخاء مدتها عشر دقائق، ونحصل على التوجيهات من قرص مدمج. وتحب ابنتي الكبرى هذا الوقت المريح كثيرًا». (شيماء)

الطريقة 38

سجل النجاحات

يعتبر سجل النجاحات أداة تنقسم إلى ثلاث مراحل كبرى: أولًا نأخذ الوقت الكافي لتذكر النجاحات، وثانيًا ندوِّنها، وثالثًا نستخدمها بعد ذلك كمراجع لإعلاء الروح المعنوية في حال الوقوع في حالات اكتئاب. ويمكن استخدام هذه الطريقة لتدوين المسببات الصغيرة لسعادة الطفل، والبالغين كذلك.

سجل روز (10 سنوات)

هذا الأسبوع:
- أحضرت الواجبات لجوليا التي كانت مريضة، ودعتني لحفل ذكرى ميلادها
- شرحت لأمي كيف تستخدم جهازها اللوحي
- ابتكرت قرطين من عجينة الطين لذكرى ميلاد أمي (هذا سر بيننا!!)

سجل يارا (40 عامًا)

الاثنين: نجحت في إعادة السرور إلى جوليا التي كانت تعاني من مشكلة في إنجاز واجباتها.
الأربعاء: بعد غضبي بسبب الفوضى التي تعم غرفة روز، وغضبها هي أيضًا، تصالحنا وتساعدنا على تحضير قالب حلوى.
الخميس: وجبة عشاء مذهلة مع الأطفال، وأحضر عادل مجموعة صور تحوي خدعًا بصرية وجدها في المتجر.

السبت: سرت مسافة ١٠ كيلومترات دون توقف للمرة الأولى!
الأحد: امتعض الأطفال ورفضوا الخروج معنا (سفيان لم يكن مشجعًا هو الآخر) ولكنهم قبلوا في نهاية المطاف، وقضينا وقتًا مميزًا في نزهتنا. لقد كنت محقة في إصراري!

؟ سبب الاستخدام؟

نتبادل التهاني عند توقيع عقد ضخم، أو ننجح في اختبار ما، وهذا لا يحدث كل يوم! في حياتنا اليومية، يسهل علينا أن نوجه أصابع الاتهام نحو الأمور غير الصائبة، ونترك جانبًا كل ما هو صائب. الهدف هنا يكمن في «التركيز» على الأمور الصغيرة الصائبة، والاحتفال بالنجاحات مهما كانت صغيرة، ونستمد منها المزيد من الثقة بالنفس.

كيفية الاستخدام؟

المراحل

1. اختيار **دفتر صغير** ووضعه في مكان قريب (درج المكتب أو المنضدة بجانب السرير...)
2. الحرص على **تدوين نجاحات كل يوم**، مع ضرورة تدوين تاريخ اليوم للرجوع إليه فيما بعد. نخص هنا النجاحات الصغيرة فلا بد أننا نحقق نجاحًا أو اثنين خلال اليوم. يمكن أيضًا تدوين مسببات السعادة الصغيرة.
3. إذا قصَّرتم في تدوين أحداث الأيام السابقة، يمكن القيام بذلك دائمًا. خذوا الوقت الكافي لطرح الأسئلة على أنفسكم وتدوين ذكرياتكم. وإن كانت الوتيرة اليومية متطلبة جدًا (لا سيما بالنسبة للأطفال)، فمن الممكن دائمًا الكتابة مرة واحدة في الأسبوع. المهم **تثبيت موعد منتظم** وفقًا للوتيرة التي تناسبكم.
4. يمكن تصفح سجل النجاحات بانتظام، فذلك **يعزز المعنويات**!

أفكار مبتكرة

- سجل النجاحات ليس مفكرة يوميات خاصة؛ إنه سجل شخصي، وليس معدًا لمشاطرته مع باقي أفراد الأسرة.
- يكون هذا السجل مفيدًا عندما نعيش أوقاتًا من الاكتئاب، أو نواجه مصاعب في العمل أو في المدرسة، أو توترًا في العلاقات... وعلى غرار الأساليب الأخرى المعنية بالدعم الإيجابي، يسمح السجل برفع المعنويات مع التركيز على كل ما هو ناجح.
- يمكن للصغار كما الكبار استخدام هذه الطريقة. إن كنتم أو أطفالكم ترتاحون للتعبير بالرسم أكثر من الكتابة، يمكن دومًا استبدال الوسائل التعبيرية بأخرى أنسب. وفي حال كنتم تفضلون الوسائل الرقمية، يمكنكم تدوين الملاحظات على الهاتف.

شهادات

«لم تكن الأمور تجري على ما يرام بالنسبة لابنتي مها في المدرسة. كانت المعلمة توبخها دائمًا، وتطلب منها أن تهدأ... وكانت مها تشعر بأنها 'دون مستوى الصف'. اقترحت عليها أن يكون لها سجلًا للنجاحات، وبدأت خلال عطلة نهاية الأسبوع بتدوين ورسم نجاحات الأسبوع المنصرم. وقدم لها هذا السجل الدعم وساعدها كثيرًا». (نوال)

الطريقة 39

مكانة الشاشات

تحتل الشاشات مكانة هامة في حياتنا؛ ولا شك أن استخدام الأطفال لها ليس خاليًا من الأضرار، فالأمر يتطلب مرافقة فعلية لهم، مع تحديد شروط الاستخدام.

قاعدة 3-6-9-12 المقترحة من عالم النفس «سيرج تيسرون» وتبنتها الجمعية الفرنسية لطب الأطفال المتنقل

1. منع استخدام الشاشة قبل عمر 3 سنوات، أو تفاديها قدر المستطاع.
2. منع استخدام ألعاب الفيديو المحمولة قبل بلوغ 6 سنوات.
3. منع استخدام الإنترنت قبل عمر 9 سنوات، ويكون استخدامها تحت المراقبة حتى دخول المدرسة الإعدادية.
4. استخدام الإنترنت لوحده بعمر 12 عامًا، وإنما بحذر.

سبب الاستخدام؟

يفتح استخدام الشاشات المجال أمام العديد من الاستكشافات، وتقديم إمكانيات هامة للترفيه؛ لكنها تشكل لكثير من العائلات مصادر للتوتر والنزاعات. يشعر العديد من الآباء بالانزعاج من وتيرة استخدامها العالية، وتأثير استخدامها على أطفالهم. وكي تتمكنوا من السيطرة على الوضع، ينبغي إرساء قوانين تتفقون عليها مع أطفالكم، وتفرضون عليهم التقيد بها.

كيفية الاستخدام؟

المراحل

1. **موقع المشاهدة:** ضعوا الشاشات في الغرفة المشتركة، إنها القاعدة الأولى للحدِّ من وقت المشاهدة، ومراقبة نشاط الأطفال.
2. **فترة المشاهدة:** الشاشات جذابة جدًا، إلى حد أنه من الضروري تحديد فترة المشاهدة (يوميًا أو أسبوعيًا) مع الأخذ بالاعتبار مجمل عدد الشاشات (المحمولة، الحاسوب، الجهاز اللوحي، التلفزيون...)، فذلك يسمح بـ«تحرير» الوقت من أجل النشاطات الأخرى: القراءة، الرياضة، الألعاب، أعمال حرفية، استراحة... يمكن استخدام عداد الوقت للتأكد من احترام الفترة المحددة في حال وجودكم في المنزل (أو في حال كان الأطفال يراقبون بعضهم بعضًا).
3. **الشروط:** يمكن تحديدها خلال اجتماع عائلي (أُنظر الطريقة رقم 25)، وتختلف باختلاف الأسَر، وتتطور مع تقدم الطفل في السن. وتقتصر مشاهدة الشاشات لدى بعض العائلات على يوم في الأسبوع أو في عطلات نهاية الأسبوع، في حين يسمح غيرها بوتيرة يومية بعد إنهاء الواجبات المدرسية... ولضمان احترام هذه الشروط، يمكن ربط الاستخدام بكلمات السر، وأوقات معينة لكل استخدام...
4. **الشروط الاستثنائية:** حددوا شروطًا للمشاهدة خلال العطلات، أو بحضور الأصدقاء (يمكن ربط دعوة صديق للمشاركة في لعبة فيديو أو مشاهدة فيلم باتفاق ملزم مسبقًا).
5. **القدوة:** إن كنتم جالسين دائمًا أمام الشاشة، وتجيبون على رسائلكم الخاصة بالعمل، أو تتابعون شبكات التواصل الاجتماعية خلال العشاء، سيكون صعبًا عليكم فرض احترام القواعد على أطفالكم.
6. **إيقاف الإنترنت:** خصصوا وقتًا خاليًا من مشاهدة الشاشات؛ وللأطفال الأكبر سنًا، يمكن أن تطلبوا منهم وضع الهواتف الذكية في غرفة الجلوس ابتداء من ساعة معينة. تذكروا أنه من الممكن أيضًا قطع الإنترنت في ساعات معينة (خلال اليوم عندما تكونون خارج المنزل وفي الليل بالطبع).
7. **بالنسبة الأطفال الأصغر سنًا:** لا تخلو إعارة الهاتف الذكي لطفل بعمر 3 سنوات، لإلهائه عند شعوره بالضجر، من الأضرار، حتى إن أعجبتم بمهارته في استخدام الجهاز؛ إلا أن تمكينه من ذلك له عواقب لا تتناسب مع عمره، إذ إنه يحتاج لتفاعلات وتجارب مع العالم الحقيقي. إن مجرد قبولكم بإعطائه الهاتف مرة واحدة، يضمن له ذلك المطالبة به بانتظام كي يستخدمه «للعب».

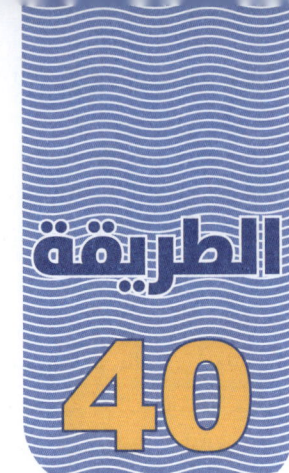

الطريقة 40

صلة الأطفال بالإنترنت

يسمح تحميل برامج الحماية، في حدود معينة، بحماية الأطفال من استخدام الإنترنت المفرط والمسيء، إلا أن ذلك لا يحول دون إنذارهم بالمخاطر، وإعلامهم بمسؤولياتهم، وإجراء حوار معهم، كي يتمكنوا من طرح الأسئلة والاستعانة بكم عندما يواجهون أي خطر.

ما ينشر على الإنترنت يبقى دائمًا

فكروا جيدًا بما تنشروه على الإنترنت

ليس كل ما ينشر على الإنترنت صحيح

طوِّروا حسَّكم النقدي، وتأكدوا من صحة المصادر...

الإنترنت مساحة عامة

لا تتصرفوا بطيش، واحترموا الآخرين

سبب الاستخدام؟

يمكن تعلم استخدام الإنترنت؛ لكن المشكلة التي يعاني منها الجيل الحالي من الآباء اليافعين والمراهقين تكمن في أنهم يتعلمون في الوقت ذاته، أي يتعلم الأهل بعد أن يتعلم أطفالهم. يتطلب ذلك أن تكونوا أكثر تفرغًا لأطفالكم وترافقوهم.

كيفية الاستخدام؟

المراحل

برامج الحماية لتفادي الانحرافات:

1. **طريقة التصفح:** تخصيص جلسة تعريف وتدريب لكل فرد من أفراد الأسرة، ما يحول دون تعرض الطفل بعمر 12 عامًا لمحتوى موجَّه للبالغين. ويحدد تاريخ التصفح ونوعيته مضمون الإعلانات التجارية الموجهة لمستخدم الإنترنت.
2. **المحتوى:** تحديد أداة رقابة للآباء، واقتراح مصادر إلكترونية للطفل.
3. **التيقظ:** في حال لم يرغب أطفالكم بالتواصل معكم على شبكة اجتماعية، ربما يرضيهم بأن يقيموا هذا التواصل مع ابن عم/خال أكبر منهم سنًا، أو عم/خال أو عمة/خالة صغيرين في السن، يواصلون مراقبة ما يحدث معه...

الرسائل الهامة

1. **تعلم كيفية تطوير الحس النقدي:**
- من أي مصدر تأتي هذه المعلومة؟ هل هي موثوقة؟
- من هو كاتبها؟
- تقصي مصادر المعلومة على طريقة الصحافيين

2. **الاحتراس:**
- عدم مشاركة الطفل اسمه أو عنوانه البريدي أو الإلكتروني، رقم هاتفه، اسم المدرسة أو النادي الرياضي الذي يرتاده على الشبكة الإلكترونية؛ ولكي يدرك المخاطر، يمكنكم أن تشرحوا له بأن ذلك يشبه نشر معلوماته الخاصة في الشارع.
- عدم نشر أي صورة عارية أو في وضع مهين... قد يبدو له ذلك مسليًا في حينه، لكن الأمر قد يصبح خطرًا في ما بعد.
- عدم فضح كلمات السر.
- المعرفة التامة بما يمكن مشاطرته مع الآخرين، وما يجب أن يبقى خاصًا (وأخذ الوقت الكافي للتفكير بذلك).
- الحرص جيدًا عند انتقال تلك التفاعلات من الإنترنت إلى الحياة الواقعية (طلب المال، طلب اللقاء)، وعدم قبول طلبات الأشخاص الغرباء وغير المعروفين في الحياة الواقعية.

3. **احترام الآخر:** حتى إذا استخدمتم اسمًا مستعارًا، فإنكم مسؤولون عما تكتبوه. لذلك يجب عدم السخرية من أي زميل أو أستاذ، أو إهانته، أو تهديده... اشرحوا لطفلكم بأن «ذلك قد يسبب أذى كبيرًا». لا يعي المراهقون دائمًا مدى الأذى الذي يسببونه بنشر صورة مهينة. من جهة أخرى، إن أثر ما ينشرونه يبقى ولا يمكن محوه بإعطائه المثل التالي: «ذلك يشبه نشر صورة في صحيفة».

نصيحتي...

التزموا بالفئة العمرية المحددة لمشاهدة فيلم، أو الوصول إلى لعبة فيديو، أو الاشتراك في شبكات التواصل الاجتماعية.

معرفة المزيد

الأرقام

نشهد زيادة في متوسط الوقت الذي يقضيه الأطفال على الإنترنت في الأسبوع، ولا سيما بالنسبة للأطفال الأصغر سنًا:

- **4 ساعات و37 دقيقة** للأطفال ضمن الشريحة العمرية من سنة إلى 6 سنوات (مقابل ساعتين و10 دقائق في عام 2012).
- **6 ساعات و10 دقائق** للأطفال ضمن الشريحة العمرية من 7 إلى 12 عامًا.
- **15 ساعة و11 دقيقة** للأطفال ضمن الشريحة العمرية من 13 إلى 19 عامًا.

يقضي المراهقون المزيد من الوقت في مشاهدة أفلام الفيديو: ٪79 من المراهقين الذين تتراوح أعمارهم بين 13 و19 عامًا مشتركون في قناة يوتيوب (مقابل ٪٤٥ عام 2016)، وفقًا لدراسة أجرتها مؤسسة «إيبسوس جونيور كونيكت» عام 2017. وتوفر طرق تصفح الإنترنت احتمالات عدة، ولكنها تتطلب الاحتراس.

مختلف وسائل تصفح الإنترنت	الفوائد	المخاطر
مواقع المحتوى	اكتشافات موسوعية زيادة المعلومات الترفيه	تمضية الوقت الوصول إلى المحتويات غير مناسبة أو متحيِّزة
مواقع الفيديو	زيادة المعلومات معلومات عن مختلف الاستخدامات الترفيه	تمضية الوقت الوصول إلى المحتويات غير مناسبة أو متحيِّزة
شبكات التواصل الاجتماعي (فيسبوك، إنستغرام...)	وسيلة عصرية للتواصل (التواصل مع زملاء المدرسة، جهات منظِّمة للقاءات في الحياة الواقعية...)	تمضية الوقت عرض الحياة الخاصة التحرش التواصل مع الغرباء
ألعاب الفيديو عبر الإنترنت	الترفيه شكل جديد من الأفكار والمعرفة محاولة التشبه بالبطل	تمضية الوقت العنف في بعض الألعاب
الرسائل المباشرة (واتساب، ماسانجير...)	وسيلة عصرية للتواصل (مع زملاء المدرسة، جهات منظِّمة للقاءات في الحياة الواقعية...)	عرض الحياة الخاصة التواصل مع الغرباء

عدم التسرُّع

الخطوات المختلفة التي يجتازها الأطفال عند استخدامهم للأدوات الرقمية تشبه المكتسبات الاجتماعية، ومن الصعب التراجع عنها. فكروا جيدًا قبل أن تسمحوا لهم بالوصول إلى استخدامات جديدة (الهاتف الذكي، التسجيل في شبكة تواصل اجتماعي، ألعاب الإنترنت...). ليس بالإمكان الانعزال عن الأصدقاء، ولكن من الهام أن يعوا نتائج هذه المراحل الجديدة المتعلقة بالفضاء الافتراضي، أي الحدود المفروضة والمخاطر، وبالتالي الأعمال الاحترازية الواجب تطبيقها لحمايتهم.

المصاحبة والتواصل

- **مرافقة** الأطفال خلال الاستخدامات الأولى لمختلف الوسائط المتاحة عبر الإنترنت (اكتشاف شبكة اجتماعية، تحميل تطبيق تواصل...) بعد **شرح** السمات الوظيفية، ومناقشة الاحتياطات الواجب تطبيقها...
- يجب **تحديد محرك البحث** المستخدم. في الواقع، قد تؤدي الكلمات المفتاحية التي يستخدمها الأطفال بكل براءة للقيام بأبحاث، إلى نتائج غير مرغوب فيها... حددوا نتائج البحث باختيار الكلمات المفتاحية، للحد من هذا النوع من المخاطر.
- يمكن تحضير ورشة صغيرة **لتعلم كتابة الرسائل الإلكترونية**. قد يسهم ذلك في الشرح لأطفالكم كيفية ترتيب رسائلهم، وإعادة قراءة الرسالة وتصحيحها باستخدام آلية تصحيح الكلمات، وإنهائها بالتوقيع. ومن الضروري أن يدرك الطفل بأن الرسالة الإلكترونية الموجهة لأستاذه أو إلى جده، لا يمكن أن تكتب بأي طريقة كانت...
- تخصيص الوقت **لاكتشاف المواقع أو الألعاب التي يرغب بها أطفالكم**. اقترحوا عليهم بين الحين والآخر أن تلعبوا معهم، وأن تتحدثوا عن اللعبة حول طاولة الطعام... تشكل هذه المواقع والألعاب جزءًا هامًا من حياتهم، ولذلك إنها موضوع يهمهم بالتأكيد أكثر من آخر درس رياضيات تعلموه. ويمكن أن نعرف إن كانت ممارساتهم متماشية مع سنهم، وإن كانت تثير التساؤلات... وعلى غرار ما يحدث في المدرسة أو مع الزملاء، فإن اكتشافات أطفالكم على الشاشات جديرة بالتحدث عنها، وبأن تكون موضوعًا لحوار مفتوح. يعطي هذا النقاش أطفالكم الجرأة ليذكروا بأنهم شاهدوا محتويات غير مناسبة (جعله يتساءل، صدمه، أزعجه، أثار قلقه...).
- **إن وجدتم بأن استخدام أطفالكم للشبكة العنكبوتية مفرط**، يجب التحدث معهم كي يعوا ذلك؛ من ثم يمكنكم التفكير سويًا بالطريقة التي تساعد في إرساء قواعد قد تبدو لكم جميعًا مقبولة. إن فرضت عليهم قاعدة غير مفهومة بالنسبة لهم، قد لا يتقيدون بها. وفي حال وجدتم أن الحوار معهم غير ممكن، اطلبوا المساعدة. للاستفسار، يمكن زيارة الموقع الإلكتروني: Internetsanscrainte.fr

5 جعل الحياة احتفال

الاحتفال بالمناسبات يثبت تواريخها

في إطار أعماله في مجال القدرة على التكيف، يبيِّن «بوريس سيرولنيك» مدى أهمية أن يعرف الأطفال من أين قدموا، وبأنهم يستطيعون الاعتماد على تواريخ حياتهم. من جهته، يشرح «روبيرت نيوبورجير» قائلًا «ما نود أن ننقله للطفل بالدرجة الأولى هو أن له تاريخ وله موقع في هذا التاريخ». يشكل سجل الذكريات، وألبومات الصور، والمناسبات الاحتفالية، والتحدث مع الطفل عن ولادته، واستذكار حياة الأجداد، فرصًا لبناء هذا التاريخ العائلي لكل فرد. وبالفعل، تلعب الحفلات والمناسبات دورًا أساسيًا ضمن الأسرة، وتسمح هذه الأوقات بما يلي:

- **تحديد الأحداث الهامة** في حياة أطفالكم وأسركم من خلال التواريخ.
- **منح معنى للحياة** (الطقوس المعتمدة تسمح بمواجهة الخوف أو التغيير...).
- **التنظيم الرمزي للأسرة** بتعزيز العلاقات، واستقبال الواصلين الجدد، وجمع أولاد الأعمام والعمات بعد وفاة الجدين على سبيل المثال...

لا يتطلب إقامة احتفال تنظيمًا معقدًا بالضرورة، والانشغال بوضع الخطط والشعور بالتوتر. يمكن أن يتخذ الاحتفال أشكالًا مختلفة، ولذلك يجب عدم التردد بتغيير العادات، وفي ما يلي بعض الأمثلة:

- الطقوس الاحتفالية التي تميز السنة بالنسبة للعائلة (العودة إلى المدارس، ذكرى الميلاد ...).
- تنظيم مواعيد خاصة بكل عائلة، وابتكارها بما يتماشى مع اهتمامات أفرادها عمومًا والأطفال على الأخص، ومواصلة الاحتفال بها سنويًا. تسمح هذه التقاليد المتجددة بتمييز أسركم، وإبراز قيمكم...
- تنظيم حفلات مفاجئة للاحتفال باليوم الأول من الربيع، سقوط أول سن، النجاح في امتحان...

الاحتفال هو مناسبة سعيدة على عدة مراحل:

- **الانتظار والتحضير،** إذ يمكن مشاركة هذا الوقت بين كل أفراد الأسرة. ويكون الأطفال سعداء بشكل خاص لإشراكهم بها.
- **موعد الاحتفال** يمكن الاستفادة منه بأفضل طريقة، بالتجمع المسبق وتقديم المساعدة.
- **الذكريات** المحفورة في الذاكرة يمكن استذكارها بالصور أو الهدايا المتوقعة...

نفحة من المرح

بالإضافة إلى «الحفلات التقليدية» المحددة، قد يكون من الجيد إضفاء أوقات من المرح في الحياة اليومية. ومثلما تشير إليه كلمة «يوم الميلاد» بحسب «لويس كارول» كاتب قصة أليس في بلاد العجائب، لا ضرورة لإيجاد مبررات للغناء، والرقص، وإعداد الحلوى، وإشعال الشموع، وهذا يرفع معنويات الجميع!

يمكن اختيار موعد معين لإقامة احتفالات مفاجئة كل يوم: وجبة غير اعتيادية، كلمات لطيفة، سينما، جولة ألعاب جماعية...

شهادات

«تنضم لي بناتي مرة أو مرتين في الأسبوع أثناء تناولي القهوة، نستيقظ بهدوء ونتحدث عن أحلامنا، ونضحك...». (ميرنا)

«في اليوم الأخير من المدرسة، نذهب إلى المطعم مع الأطفال للاحتفال ببداية الصيف». (جمال)

«لا نتناول وجبات الطعام سويًا سوى مرتين أو 3 مرات في الأسبوع، وفي تلك المرات، يعبر كل منا بدوره عن الأمور التي يشعر حيالها بالامتنان». (جنان)

هدية: تجدون في نهاية الكتاب، دفترًا ورزنامة، كي لا ننسى أيام ميلاد الأقرباء.

جعل الحياة احتفال

الطريقة 41 احتفالات ذكرى الميلاد 108

الطريقة 42 طقوس العبور 110

الطريقة 43 هدية القسائم 112

الطريقة 44 رزنامة المناسبات 114

الطريقة 45 سجل الذكريات 116

الطريقة 46 علبة السعادة 118

الطريقة 47 الاحتفالات المفاجئة 120

الطريقة 48 الاحتفال بالعائلة 122

الطريقة 49 شجرة التمنيات 124

الطريقة 50 كبسولة الزمن 126

المراجع

بوريس سيرولنيك، «الصليب» (La Croix)، 8 أكتوبر 2013.

روبيرت نيوبيرجير، «الطقوس العائلية» (Les Rituels familiaux)، بايو، 2013.

الطريقة 41

احتفالات ذكرى الميلاد

ذكرى الميلاد من المناسبات التي تهم الأطفال ويرغبون بالاحتفال بها مع أصدقائهم، ولكنها ليست مناسبات يسهل تنظيمها. كي تكون ناجحة، يجب أن تعتمد على ثلاث نقاط: أن تحددوا **بوضوح الشروط** (عدد المساعدين، المواعيد)، و**عدد النشاطات الكافية،** وأن تحافظوا بالطبع على **مستوى عال من الاسترخاء!**

الهدوء
نشاطات يدوية
تزيين التيجان، تزيين مفرش ورقي، رسم جدارية، أقنعة، أوريغامي
ألعاب فكرية
الرسم العجيب
ألعاب الرسم
ألعاب الذاكرة
ألغاز
قصص
روايات، بطاقات عن أحداث تاريخية...
الحماس
ألعاب متنوعة
التقليد، إصابة الهدف، ألعاب التركيب، بولينغ، بينياتا
الألعاب الموسيقية
التمثال الموسيقي
الكرسي الموسيقي
ألعاب احتفالية
تنكر
بالونات

سبب الاستخدام؟

موعد الاحتفال بيوم ميلاد الطفل يقترب، ويحلم بأن يدعو أصدقاءه إلى المنزل. كم سيسعده بأن يكون ملك الحفلة مرة في السنة! لكنكم لا تملكون القدرة على التحضير، وتثير فكرة استقبال مجموعة من الأطفال قلقكم... إلا أن القليل من التنظيم وبعض الحيل الذكية هو الحل لإسعاد فريق صغير من الأطفال من سن الحضانة إلى المدرسة الابتدائية.

كيفية الاستخدام؟

المراحل

1. **تحديد التاريخ والموعد والمدة** (ساعتان كافيتان تمامًا لأطفال الحضانة، ويمكن تمديدها إلى 3 ساعات للأكبر سنًا)، ثم أشركوا الطفل بوضع قائمة المدعوين. ليس من الضروري الإكثار من الدعوات، ويمكنكم الاستعانة بالحساب التالي: عمر الطفل + 1، أي بالنسبة لطفل في الخامسة، يمكن دعوة 6 أشخاص.
2. إشراك طفلكم بتزيين **بطاقات الدعوة**. تأكدوا من كتابة كل المعلومات بدقة، الموعد والتأكيد على تلبية الدعوة.
3. استخدام البطاقة المقترحة لتدوين الأفكار المتعلقة بالتزيين وبقائمة الأطعمة.
4. **وضع برنامج** تتوازن فيه النشاطات المثيرة للحماس، وتلك التي تجعل الهدوء يسود مجددًا (ستكون ضرورية عند نهاية الحفل) مع تحديد مدة كل من تلك النشاطات.
5. **تدوين التوقعات** بأقصى الحدود: قائمة المشتريات، الزينة، الهدايا الصغيرة للمدعوين، لوازم الألعاب.
6. قبل يوم أو في اليوم نفسه، **إعداد الطعام** وإتمام كل تفاصيله الدقيقة.
7. في اليوم نفسه، عدم التردد في فرض **القواعد** بوضوح (أجزاء المنزل تبقى خارج مساحة الحفل، عدم استخدام الهاتف الجوال خلال الحفل...).

نصائحي

- يحتاج إحياء حفل للطفل إلى شخصين. إن كان الزوج غائبًا أو في حال انفصال الزوجين، لا يجب التردد في طلب المساعدة من الأقرباء (أخ كبير أو ابنة العم...).
- إضافة خدع بصرية للحفل، واحرصوا في كل الأحوال على أن تكونوا قد أعددتم برنامجًا من النشاطات لأهميتها. احتفظوا على مقربة منكم بعلبة من أقلام التلوين، وأوراق، وعجينة اللعب، للاستعانة بها عند الرغبة بتهدئة المدعوين في نهاية الحفل.
- إن كانت شقتكم صغيرة جدًا، ولا تشعرون بالرغبة أو بالقدرة الكافية لإحياء الحفل فيها، يمكنكم تنظيمها خارج المنزل، للأطفال الأكبر سنًا، سواء في موقع ألعاب الليزر أو البولينغ مثلًا. تطرح بعض المتاحف نشاطات مصممة خصيصًا لذكرى الميلاد. وفي الطقس الجميل، يمكن دعوة المدعوين إلى المنتزه (حينها ستكون الميزانية المطلوبة أقل بكثير).
- يمكن اقتراح إقامة حفل ذكرى الميلاد بدعوة صديق أو صديقين، إما بتنظيم نزهة ما، أو دعوتهما لقضاء الليل في منزلكم...

الطريقة 42

طقوس العبور

تتيح طقوس العبور إحياء احتفال جماعي، بمرحلة هامة من مراحل حياة الأطفال، وبطريقة فرحة. يمكن الاحتفال بذكرى الميلاد، وبالانتقال إلى المدرسة الإعدادية أو الثانوية بطرق مختلفة. وتتم هذه الطقوس على ثلاث مراحل: الانفصال، الاستبعاد، وأخيرًا الانخراط المتجدد في مجتمع جديد (يمكن أن يكون الاحتفال مصحوبًا بغرض يرمز إلى هذا العبور).

؟ سبب الاستخدام؟

نعلم أن طقوس العبور تأتي تكملة لأدوار هامة في المجتمعات التقليدية؛ وترافق هذه الطقوس الفرد الذي يمر بمراحل من التغيير لإثبات عضويته في المجتمع، ومنح المعنى للحياة والموت. وتميل هذه الاحتفاليات للاندثار، ولكن في حال رغب الآباء بإرساء معالم راسخة في حياة أطفالهم، فقد يقررون الاحتفال بالمراحل الرئيسية التي يمرون بها.

كيفية الاستخدام؟

المراحل

سواء كانت الاحتفالية دينية أو غير دينية، فإنها تنظم علانية وبمشاركة المدعوين. تجري الاحتفالية تقليديًا حين يكون الطفل رضيعًا، ولكن بعض الآباء يختارون تأجيلها للسماح لطفلكم بالمشاركة فيها.

ذكرى الميلاد

يمكن الاحتفال بذكرى الميلاد (10 سنوات، 16 سنة، وبالطبع 18 سنة...) بطرق مختلفة:

- قضاء **عطلة نهاية الأسبوع لوحده مع والديه**، ولهذا الوقت الحصري أهمية خاصة بالنسبة للأطفال ممن لديهم عدد كبير من الأخوة.
- **حفل ذكرى ميلاد** مع الأقرباء (الجدان، أولاد وبنات العم، الأصدقاء ...)
- **هدية غير اعتيادية**: حلي، ساعة، ألبوم صور مع لصق الصورة أو التذكار أو كلمة لطيفة عليه، أو سجل الذكريات الخاص بالطفل... يمكن رسم شجرة عائلة الطفل أيضًا بالعودة إلى أجداد الأجداد (قدر المستطاع!).

الالتحاق بمدرسة جديدة

يعتبر الانتقال من مرحلة دراسية إلى أخرى من المحطات الهامة في حياة أطفالكم. ويرتبط الالتحاق بالمدرسة الإعدادية باختيار حقيبته الجديدة، أما الالتحاق بالمدرسة الثانوية فيسبقها تسليم مفاتيح المنزل كي يذهب للمدرسة لوحده. وهذه أيضًا فرصة لإعادة ترتيب غرفة الطفل وجعلها مكانًا مناسبًا للدراسة أيضًا...

نصائحي

- في الولايات المتحدة، تتخلل الحياة المدرسية حفلات تخرج من المدرسة الابتدائية، والثانوية، والدبلوم. إنها مناسبات فعلية تشير إلى انتماء الطفل إلى المجتمع.
- في أميركا اللاتينية، ينظم احتفال كبير للفتاة بعمر الخامسة عشر، للإشارة إلى نهاية مرحلة طفولتها.

الطريقة

43

هدية القسائم

الوقت هو الهدية الأكثر قيمة، وأثمن من الألعاب والثياب الجديدة... بالنسبة للأطفال المدللين جدًا، قد تكون القسائم هدية ذات قيمة رمزية كبيرة. وتحتاج هذه الهدية إلى القليل من الطاقة عند العمل عليها وبعض الوقت خلال السنة، ولكنها بالنسبة للآباء أيضًا فرصة جيدة لتهدئة وتيرة الحياة وإعادة إنعاشها!

سبب الاستخدام؟

أنتم تبحثون عن فكرة هدية مناسبة لأطفالكم، أو لابن الأخ، أو بنت الأخت، أو ابن صديق مقرب. الطفل صاحب المناسبة يملك كل شيء، وغرفته مكتظة بعدد كبير من الألعاب. لا تستطيعون أخذ القرار بكتابة شيك له!...في الواقع، ألا ترغبون بأن توفروا له وقتًا مشتركًا ونوعيًا مع اختبار لحظات سعيدة؟

كيفية الاستخدام؟

المراحل

1. **وضع قائمة** بالأفكار والتجارب التي تودون مشاركتها معه. يمكن لـ«القسائم» أن تتنوع: من قراءة بسيطة لقصة، وصولًا إلى عشاء في مطعم مرورًا بدعوة صديق، واختيار قائمة طعام العشاء، والحصول على إذن بالتأخر في النوم... يمكن أن يضاف إليها أيضًا نشاطات لا تحبونها ولكن الطفل يعشقها (الذهاب إلى المسبح، التزلج...).
2. يمكن للقائمة أن تتضمن هدية ذات أهمية مثل نزهة على قدر من التميز.
3. يمكن إشراك **أفراد العائلة** الآخرين (الإخوة والأخوات، الجدان...)، وسؤالهم إن كانوا يرغبون في المشاركة في هدايا القسائم...
4. **تعبئة القسائم** المقترحة في نهاية الكتاب، أو ابتكار قسائم مصممة للأطفال خصيصًا، وتدوين معلومات دقيقة قدر المستطاع على البطاقة.
5. **تغليف القسائم** بعد وضعها في علبة جميلة أو داخل ظرف.

أفكار مبتكرة

- إن لم تكونوا أولياء أمور الطفل الذي توجهون له البطاقة، يتعين عليكم تنسيق الأمر مع والديه، لنيل موافقتهما على ما تقترحونه، ويكون بمقدوركم تحمل كلفة بعض تلك الهدايا.
- يمكنكم تقديم قسائم هدايا تسمى «جوكر» تتيح للطفل كسر الروتين مرات محددة (لتفادي أحد الواجبات المنزلية مثلًا).
- خلال السنة، لا ترددوا في تشجيع الطفل على استخدام هذه القسائم، ويمكن تحديد المواعيد لتنفيذها... وتشكل تلك الهدايا فرصة للتشارك في لقاءات ودية.
- يمكن للأطفال أن يحضروا بدورهم قسائم هدايا لأصدقائهم...

نصيحتي

كلما مرَّ الوقت، زادت قناعتي بأن الهدايا الهامة فعلًا هي التي تسمح بتشارك الوقت. بالطبع، تتطلب هذه الهدايا جهودًا تزيد عن شراء غرض ما عن الإنترنت أو من متجر، وتتطلب قدرًا من التحضير الاستباقي.

الطريقة 44

رزنامة المناسبات

عند اقتراب الأعياد، تمتلئ المتاجر بالزينة والهدايا والرزنامات أيضًا. قد يسهم ابتكار الرزنامة المنزلية بإضفاء المزيد من الفرح على الأعياد، وإبطاء وتيرة الحياة لقضاء بعض الوقت المميز مع الأسرة. يحتاج ذلك في كل الأحوال إلى بعض التنظيم والحس الاستباقي.

❓ سبب الاستخدام؟

بما أن الطفل لم يعد طفلًا بل دخل عالم البالغين، لا شك بأن اقتراب موعد الأعياد يثير لديكم القلق. إذ تتطلب جلسات عائلية طويلة، وقائمة بالمشتريات، وميزانية مكلفة... وقد يكون من المناسب تحضير رزنامة لهذه المناسبات ترسي أهميتها في ذهن الطفل.

💡 كيفية الاستخدام؟

المراحل

1. تحديد المواد التي ستحتاجون لها كي تغلفوا مفاجآتكم (ظرف، علب صغيرة، مخروطات ورقية...).
2. وضع قائمة تضم هدايا صغيرة وحلويات تتسع لها جيوب الرزنامة، فضلًا عن رغبات وأفكار وكلمات لطيفة...
3. شراء وتدوين وتركيب المفاجآت الصغيرة.
4. بعد جمع اللوازم المطلوبة، حضروا لورشة التغليف.
5. احتفظوا بالملف لاستخدام ما يتضمنه من أفكار في السنة المقبلة إن رغبتم بتكرار التجربة!

أفكار مبتكرة

- ينبغي صنع الرزنامة مسبقًا لكي تكون الاستفادة منها أفضل.
- يمكن صناعة رزنامة مشتركة لأكثر من طفل واحد (يقوم كل واحد بفتحها بالدور)، ولكن ذلك لا يمنع إضافة بعض التفاصيل الخاصة لكل واحد منهم.

نصائحي

رزنامتنا المنزلية داعمة لكي:

- تقولوا لأطفالكم كم تحبونهم بطرق وأساليب تختلف من سنة إلى أخرى (الأوقات التي تحبون مشاركتهم بها، أسباب فخركم بهم، وسعادتكم بأن تكونوا والديهم، الخصائص التي يتميزون بها).
- تقترحوا عليهم الاعتناء بالآخرين (من الأقرباء أو الغرباء).
- تعودوهم على الاحتفاء بالأسرة وأفرادها، وعيش حياة نوعية في اليوميات وفي اللقاءات الخاصة: عشاء مفاجأة، أمسية حافلة بالألعاب، حضور مسرحية أو فيلم سينما...

الطريقة 45

سجل الذكريات

الصور وأفلام الفيديو لا تكفي لحفظ معالم المراحل الهامة لنمو الطفل؛ لذلك يشكل الاحتفاظ بسجل للذكريات أداة قيمة تجمع الذكريات العائلية والشخصية؛ وتعزز التفاهم وتعمقه مع كل طفل من أطفالكم، وتعتبر فرصة للابتعاد قليلًا عن اليوميات لتدوينها.

سبب الاستخدام؟

قد تبدو لكم اليوميات مع الأطفال طويلة ومتكررة، إلا أن الأيام تمر بسرعة كبيرة. ومع مرور الوقت، ستنسون أو تختلط عليكم الذكريات أو تعيدون اكتشافها! وفي ما بعد، ستكونون سعداء بتصفح هذا السجل، وإعادة اكتشاف الكنوز المدونة على صفحاته.

كيفية الاستخدام؟

المراحل

1. **اختيار دفتر جميل** تحبون التدوين على صفحاته، على ألا يكون كبيرًا جدًا أو صغيرًا جدًا (ويفضل أن يكون بحجم A5).
2. إيجاد **مكان عبقري** ويسهل الوصول إليه لوضعه فيه.
3. يمكن الاستفادة منه بطرق مختلفة: **حددوا موعدًا منتظمًا** (كل شهر أو كل شهرين مثلًا) تدوِّنون خلاله ملخصًا عن الأحداث الهامة، أو تأخذون **استراحة مباغتة** لتدوين الأفكار التي تخطر على بالكم.
4. يمكنكم **لصق رسومات وصور** في السجل، أو ذكريات أخرى...
5. عندما يكون الطفل صغيرًا، تحصلون على الوقت المناسب للكتابة بانتظام، ولكن حين يكبر تتباعد وتيرة الكتابة في السجل. قد تسبِّب الفترات الانتقالية أحيانًا (ولادة طفل جديد، الانتقال إلى بيت جديد، الانفصال...) الابتعاد عن الكتابة؛ ولكن ذلك لا يمنع **العودة إلى السجل** بعد مرور عدة أشهر، لا بل عدة سنوات.

أفكار مبتكرة

- إن كان المقصود من السجل تدوين ذكريات الوالدين على شكل مدونة خاصة، يمكن استخدام دفتر واحد. ولكن إذا رغبا بمشاركة أطفالهما انطباعاتهما الشخصية، قد يكون من الأفضل أن يخصصا دفترًا مختلفًا لكل منهما.
- إن كنتم لا تحبون الكتابة، يمكنكم التركيز على الرسوم التوضيحية (صور، رسوم...)، ولا تنسوا في كل الأحوال كتابة بعض الكلمات التي يتلفظ بها أطفالكم.
- يمكنكم البدء بتسجيل الذكريات في أي وقت! وإن لم تبدأوا بذلك عند ولادة الطفل فورًا، فلا تترددوا بالبدء عند بلوغه الثالثة أو السادسة أو حتى العاشرة.
- في ما يخص الذكريات الأساسية، حضروا علبة كبيرة واكتبوا عليها اسم الطفل، واحفظوا فيها كل البطاقات التي وصلتكم عند ولادته، ولعبته المفضلة (إذا قرر الاستغناء عنها)، صور الصف، مشغولاته اليدوية بمناسبة يوم الأم ويوم الأب...

نصائحي

- شكَّل السجل وعلبة الذكريات اللذين احتفظت بهما بصبر، الأساس لإعداد ألبوم من الصور والذكريات، وقدمناه لابننا البكر عند بلوغه 18عامًا.
- أثناء تجهيزنا لحاجيات أحد أبنائنا عند التحاقه بالجامعة، وجد سجل الذكريات التي كنت قد أعددته واحتفظت به منذ ولادته. تصفحناه بالدور وغلبتنا العواطف، ووجدت فيه أحداثًا كنت قد نسيتها تمامًا، وكذلك المراحل المختلفة من بناء شخصيته.

الطريقة 46

علبة السعادة

ليست الهدايا الأكثر قيمة هي الأغلى ثمنًا؛ لماذا لا نكتب بعض الكلمات لشخص نحبه، ونريد أن نحتفل به؟ تتكون علبة السعادة من حلويات يعاد تغليفها ومرفقة برسائل لطيفة من الأقرباء، وبذلك يكتشف الشخص المحتفى به تلك المفاجآت يومًا تلو الآخر.

سبب الاستخدام؟

تحضيرًا لذكرى ميلاد هام (يخص طفلًا أو جدًا أو زوجًا...)، تقومون بإعداد هدية مشتركة. سبق ووضعتم جانبًا ميزانية مخصصة لهذا الاحتفال، ولكن تودون أن تقدموا له هدية ذات قيمة معنوية عميقة. لا شك أن علبة السعادة التي يتشارك في إعدادها عدة أشخاص، وتكتب رسائلها عدة أقلام، ستسهم في نقل الكلمات اللطيفة ورسائل الحب...

كيفية الاستخدام؟

المراحل

1. **شراء علبة شوكولاتة** حبَّاتها مغلفة كل على حدة.
2. **تحديد قياس ورق التغليف** (يكون قياس غلاف حبات الشوكولاتة المربعة 3×9 سم). بعد ذلك يقص عدد من المستطيلات بعدد حبات الشوكولاتة.
3. الآن إلى العمل! يكتب كل شخص من الأقرباء **رسائل قصيرة جدًا**: ذكريات، أفكار، كلمات لطيفة، أشعار، تلميحات، شكر. للمزيد من الأفكار، يمكن اقتراح أن تبدأ الجمل على الوجه التالي: «أتذكُر...»، «شكرًا لأنك...»، «أحب أن أقوم معك بـ...». ويمكن للصغار في السن تنفيذ رسومات.
4. يتطابق عدد المساهمات مع عدد المشاركين وعدد حبات الشوكولاتة. يمكن تنظيم **جلسة لكتابة** الرسائل على عدة مراحل، فقد لا يستحضر المرء ما يلهمه لكتابته فورًا. قد لا يكون من السهل دائمًا التعبير عن المشاعر والعواطف... لكن هذه الهدية توفر الفرصة المناسبة لتعلم كيفية التعبير عنها.
5. **إعادة تغليف حبات الشوكولاتة** بإضافة الرسائل الصغيرة باستخدام ورق لاصق مزين لإغلاقها بإحكام.
6. توضيب حبات الشوكولاتة وإعادة إغلاق العلبة.
7. سيستكشف الشخص المحتفى به ما تخبئه حبات الشوكولاتة من **مفاجآت** يومًا بعد يوم، وبذلك يستمر الاحتفال مدة أطول.

أفكار مبتكرة

- فكرة استخدام حبات الشوكولاتة ما هي إلا اقتراح، ويمكن أن تستبدل بأنواع أخرى من الحلويات (التي تستهلك تباعًا) مثل السكاكر وحبات الكراميل أو أكياس الشاي...
- تتيح هذه الهدية إمكانية مشاركة أشخاص قد لا يتمكنوا من التواجد في الحفلة، ويرغبون مع ذلك بأن يكون لهم بصمة فيها. إن كنتم قد خططتم لطلب المشاركة في الهدية مع مساهمين يعيشون في أماكن بعيدة، يمكن أن تقترحوا عليهم إرسال رسائلهم بالبريد الإلكتروني، وتقومون بطباعتها.

المزيد من الأفكار

يمكنكم تنظيم جلسة تجمع كل أفراد الأسرة حول «علبة السعادة»، وتطلبون من كل شخص كتابة رسالتي ثناء وتمنيات موجهة للآخرين، ثم تتبادلونها في ما بينكم.

شهادات

«إنها فكرة رائعة تعزز المعنويات كثيرًا مع كل حبة شوكولاتة. ويدوم أثر تلك الهدية مدة أطول». (ماجدة)

«حصلت على هذه الهدية في ذكرى ميلادي الخامسة عشرة. كل صباح، كنت أبدأ يومي بنفسية مرتاحة وهمة عالية بفضل تلك التذكارات، أو النكات، أو الهدايا الصغيرة. أتاحت لي هذه الهدية أن أعرف مدى حب الناس لي وعمق تفكيرهم بي، واحتفظت بتلك العلبة وبكل الرسائل». (سليم)

الاحتفالات المفاجئة

الطريقة 47

لتحويل سهرة عادية و/أو مشوبة بالتوتر، يجب محاولة تغيير الأجواء. ينبغي نزع لباس كل يوم (بالمعنيين الحرفي والمجازي) لكي توقظوا المهرج ومحيي الحفلات ومنسق الأغاني الراقد داخلكم. وهكذا تهيئون لأسرتكم حفلة ارتجالية غير مخطط لها يشارك فيها كل أفراد الأسرة؛ وينسى الجميع، لبعض الوقت على الأقل، أوقات التوتر التي مررتم بها خلال يومكم.

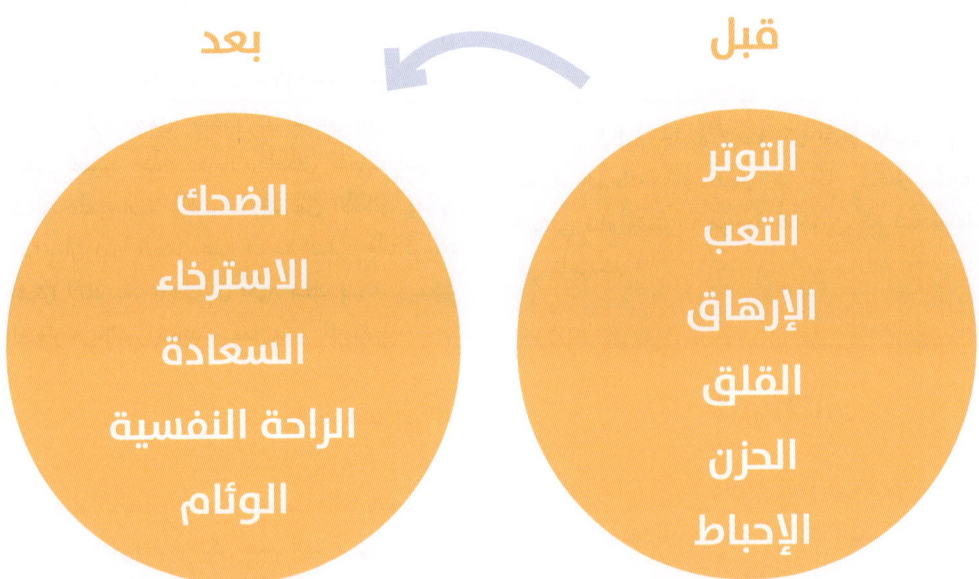

قبل
التوتر
التعب
الإرهاق
القلق
الحزن
الإحباط

بعد
الضحك
الاسترخاء
السعادة
الراحة النفسية
الوئام

سبب الاستخدام؟

تعودون من العمل متعبين ومتوترين بعد اجتماع عمل صعب، وتجدون الزوجة مستاءة منكم بسبب نسيانكم الاتصال بالسمكري، وتشعرون بالانزعاج حين تجدون معاطف الأولاد مرمية على الأرض... لا يُخفى على أحد بأن السهرة لن تمر على أفضل حال. لقد حان الوقت للضغط على زر التوقف، وتغيير الأجواء، وإعادة إحياء روح التسلية، وتنظيم حفلة «غير متوقعة»!

كيفية الاستخدام؟

المراحل

قد تتخذ الحفلات الارتجالية أشكالًا مختلفة، وفقًا لأعضاء الأسرة والرغبة في إقامة هذه الحفلة... وقد يولد خروج المرء من منطقة الراحة اكتشافات جميلة. وفي ما يلي بعض الأمثلة:

- من السهل تنظيم **سهرة راقصة** تجمع كل الفئات العمرية في أجواء من السعادة.
- قد تتسم **الأمسية الموسيقية** بمزيد من الأجواء التأملية (عندما لا تتحول إلى حفلة راقصة!)؛ ويقوم كل واحد بدوره بتشغيل القطعة الموسيقية التي يحبها.
- قد تؤدي جلسة **اللعب الجماعي** قدرًا كبيرًا من الحماس والوئام بين المشاركين.
- قد تؤدي جلسة **الارتجال** والإيماء العديد من الضحكات، وهي مفيدة للصحة!
- يمكن أيضًا تنظيم **عشاء على ضوء الشموع** غير متوقع لألف سبب وسبب! تحتفل العديد من الحضارات بأعياد النور! في مدينة ليون الفرنسية، تضاء الأنوار في 8 ديسمبر، وفي سانت لوسيا يوم 13 ديسمبر، وتحتفل ألمانيا بتنظيم مسيرات الفوانيس يوم 11 نوفمبر.
- وجبة طعام **غير اعتيادية** (راجع ملف «الغذاء»).

أفكار مبتكرة

- ليس من السهل دائمًا تنفيذ تلك الأفكار، لكن حاولوا التوقف عن الشعور بالامتعاض وانطلقوا بتطبيقها. تجرأوا على الخروج من أجواء التوتر أو القلق أو الغضب، وحولوها إلى طاقة إيجابية...
- لانطلاق الحفلة، يكفي أحيانًا القليل من التحضير و«الأكسسوار»، مثل قبعة أو أكثر، وشاح للرقص، ارتجال أدوار ومواقف أو رواية القصص، طبق من الفشار لالتهامه أثناء اللعب، زهرة لتزيين الشعر... غيروا «اللباس» لتغيير الأجواء والحالة النفسية.
- يمكن إقامة هذه الحفلات الارتجالية في أي يوم من أيام الأسبوع دون التأثير على نوم الأطفال. قد تكون هذه الأوقات غير الاعتيادية قصيرة ومقتضبة، وهدفها يبقى منصبًا على بث روح المرح وتجديد اللقاء... ويمكنكم كسر «الروتين» المنضبط تمامًا بأوقات مرحة بين الحين والآخر.

نصيحتي

تشعرون في بعض الأمسيات بقدر إضافي من الطاقة، يمكنكم إقامة سهرات لرواية القصص أو إلقاء الأشعار. يمكن إضفاء أجواء بسيطة على تلك الأمسيات بإشعال نار المدخنة أو تخفيف الأنوار. هذه الأجواء تمنحكم القدرة على الهروب نحو عالم خيالي.

الاحتفال بالعائلة

الطريقة 48

لا أجمل من الاحتفال بالأحداث الهامة في حياة أفراد الأسرة. يمكنكم تنظيم اجتماع للأسرة والأصدقاء بجو من السكينة؛ وكي تتمكنوا من الاستفادة من هذا اليوم الاحتفالي دون أي توتر، من الضروري أن تنظموا أنفسكم مسبقًا وتحصلوا على المساعدة. يمكن تدوين المهام المطلوبة على بطاقة، وتحديثها بانتظام، مع الحصول على نظرة شاملة.

سبب الاستخدام؟

لقد قمتم بدعوة 10 أو 20 أو 50 شخصًا لمناسبة ذكرى الزواج، أو الانتقال إلى منزل جديد. تنهال عليكم الأفكار... لكن لا تتوفر لديكم الميزانية الكافية لتنظيم هذه الحفلة في موقع خارجي، حيث يمكن الاتكال على من يدبر كل الأمور، ولا تملكون مهارات تنظيم الحفلات. انطلق العد العكسي ويجب البدء بالعمل... وتبدأ مشاعر القلق بالسيطرة عليكم!

كيفية الاستخدام؟

المراحل

1. تحديد **المكان والزمان**.
2. **وضع قائمة بالمدعوين** على لوح، وتحديثها مع تلقي الإجابات تباعًا. تذكروا عند إرسال الدعوات أن تدوِّنوا عليها المهلة النهائية لتلقي الإجابات، ولا ترددوا في الاعتذار بلطف ممن يجيبكم بعد مرور المهلة المحددة.
3. **تحديد قائمة الطعام، والنشاطات، والزينة**، ووضع برنامج الفعاليات.
4. بناء على عدد وأعمار الأشخاص المشاركين في الحفل، خصصوا مكانًا للأطفال، مع الاستعانة **بمربية** إذا أمكن ذلك (أو طلب المساعدة من شخص بالغ يوافق على الاهتمام بالصغار).
5. تحضير **لائحة بمثابة المرجع** تتضمن المهام الواجب إتمامها ومواعيد تنفيذها (قبل عدة أسابيع، في الأيام السابقة للحفل، قبل الحفل بيوم، في اليوم ذاته)، والاستعانة ببطاقة موجزة (أنظر بطاقة يوم الحفل). يمكنكم أيضًا وضع لائحة بالمشتريات بحسب المتاجر الذي تتواجد فيها اللوازم المطلوبة. لا ترددوا بتكليف الآخرين بمهام معينة، مع توفير الشرح الكافي عنها.
6. **وضع الخطط المسبقة مع أدق التفاصيل**؛ فعلى سبيل المثال، يجب أن تكون الزينة جاهزة قبل عدة أسابيع من الحفل.
7. في يوم الحفل، **كلفوا بعض المقربين** بمهام معينة، من قبيل إخراج الأطباق من الثلاجة، خدمة المدعوين، التقاط الصور، الاهتمام بالطفل الصغير خلال الحفل... ينبغي أن تعرض لائحة المهام في موقع واضح؛ فذلك يتيح لكم الاستمتاع بالحفل بهدوء أكبر.

نصائحي

- مفتاح نجاح الحفل يكمن في الاستعداد المسبق له. حاولوا أن تحضروا القدر الأكبر من الأمور سلفًا.
- اختاروا أطباقًا يمكن تحضيرها مسبقًا ووضعها في الثلاجة؛ وكي تتفادوا الوقوع في أية أخطاء، اختاروا قائمة أطعمة تجيدون طهوها أو جربوها مسبقًا.
- تستمتعون أكثر في الحفل إن توفر لكم عاملان هما: المربية التي تهتم بالصغار والشخص الذي يمكن أن يساعدكم في المطبخ (تسخين الأطباق، خدمة المدعوين، وغسل الصحون). إن لم تسمح الميزانية بهذين الأمرين، عليكم أن تفكروا مليًا، وتختاروا من الأقرباء من يقدم لكم يد العون.
- يجب أن تكون كل الأمور جاهزة في اليوم ذاته (لا بأس إن لم تتمكنوا من إنهاء كل التفاصيل). إن نجحتم في التخطيط المسبق واستعنتم بمن يؤدي المهام في اللحظة الأخيرة، يصبح بإمكانكم التواجد في الحفل والمشاركة فعليًا فيه. وفي هذه الحال، استغلوا المناسبة!

الطريقة 49

شجرة التمنيات

قد يسهم بناء شجرة التمنيات بتحسين أجواء الحفل، من خلال إشراك المدعوين والاحتفاظ بآثار مشاركاتهم. يكفي أن توضع بعض الأغصان في مزهرية، وإعداد بطاقات مرفقة بشرائط وأقلام، ودعوة الجميع إلى كتابة رسائل قصيرة. يمكنكم قراءة تلك الكلمات اللطيفة بعد الحفلة، وإبقاء ذكرياتها حيَّة في قلوبكم!

سبب الاستخدام؟

تنظمون حفلًا عائليًا، سهرة ليلة رأس السنة، ذكرى ميلاد، زفاف، ولادة طفل... تختارون قائمة الطعام والزينة والموسيقى. تطلبون من أحد الأقرباء أن يكون مسؤولًا عن التقاط الصور، وترغبون في الحفاظ على أثر إضافي لهذا الحدث بإشراك المدعوين فيه. فكروا بابتكار شجرة التمنيات، فهي عبارة عن كتاب ثلاثي الأبعاد مستلهم من تقاليد متعددة من مختلف أنحاء العالم. على سبيل المثال، تعلق التمنيات في اليابان على أغصان الخيزران خلال حفل النجوم ويسمى «تاناباتا».

كيفية الاستخدام؟

المراحل

1. اجمعوا **أغصانًا** من الطبيعة، وضعوها في مزهرية كبيرة، وثقّلوها ببعض الحصى في قعرها.
2. أعدوا **مستطيلات من الورق** المقوى واثقبوها. يمكن أن تصنعوا من الورق أشكالًا مختلفة مثل الدوائر والعصافير والقلوب وأوراق الشجر...
3. اربطوا شريطًا من الساتان أو من نخل الرافيا أو خيطًا بكل بطاقة.
4. ضعوا الشجرة على طاولة مع البطاقات الصغيرة مرفقة بأقلام للكتابة أو أقلام تلوين. أكتبوا رسالة **لتوجيه المدعوين** مثل «هذه السنة، أحلم بأن...»، «أحب أن أقوم مع (صاحب الحفلة) ...»، «أتمنى لك ...».
5. عند وصول المدعوين، اقترحوا عليهم **المساهمة بشجرة التمنيات**.
6. بعد إنهاء المدعوين كتابة تمنياتهم، يمكنهم تعليقها على الشجرة التي تمتلئ شيئًا فشيئًا خلال السهرة.

نصائحي..

- يمكنكم صبغ الأغصان باللون الأبيض أو الذهبي أو الفضي، وفقًا للأجواء المختارة للحفلة.
- قد يكون من الأفضل إعلام المدعوين مسبقًا بشجرة التمنيات، كي يتسنى لهم التفكير بمضمون رسائلهم.
- يمكن أن تتخذ شجرة التمنيات أشكالًا مختلفة، وقد تكون مثلًا عبارة عن مجموعة من البطاقات اللاصقة أو أوراق مستطيلة ملصقة على حائط أو على لوح...
- يمكن بعد ذلك لصق رسائل المدعوين في ألبوم الحفلة.

الطريقة 50

كبسولة الزمن

كبسولة الزمن مشروع ممتع، يسمح لكم بإحياء فترة من الحفلة. بالنسبة للأطفال، تكون فرصة للتطلع إلى المستقبل و/أو مخاطبة أنفسهم حين يصلون إلى عمر المراهقة أو البلوغ لاحقًا. تتكون هذه الكبسولة من المعلومات والأشياء المجمعة والمحفوظة، والتي يعود تاريخها لفترة معينة.

سبب الاستخدام؟

تبحثون عن فكرة مبتكرة لإحياء حفلة ذكرى ميلاد أو سهرة رأس السنة مع الأسرة. كبر الأطفال وصاروا قادرين على التفكير بالمستقبل، وبدأوا بإجراء نقاشات جدية معكم... تشكل كبسولة الزمن رسالة يوجهها الأطفال إلى أنفسهم في المستقبل (الطفل بعد أن كبر أو البالغ الذي أصبح عليه). يمكنكم المشاركة في اللعبة أيضًا، إذ أنها فرصة لاستعادة فترة زمنية من حياة أفراد الأسرة.

كيفية الاستخدام؟

المراحل

1. **إعداد قائمة بالأسئلة** التي تستعرض خصائصك و/أو أحلامك ومشاريعك...
2. تحديد **تاريخ فتح** كبسولة الزمن: بعد سنة أو عشر سنوات أو بعمر 18 عامًا...
3. حان الوقت **لإغلاق** الكبسولة أو المغلفات؛ يمكن ختمها بالشمع لإضفاء الطابع الرسمي على الحدث.
4. الاحتفاظ بكبسولة الزمن في مكان يمكنك الوصول إليه (على سبيل المثال في علبة الطفل، أنظر الطريقة 45).
5. يمكن تحويل موعد **فتح كبسولة الزمن** إلى «احتفال».

أفكار مبتكرة

يوجد العديد من التجارب المرتبطة بكبسولات الزمن العلمية أو الفنية:

- لا تزال «القنابل الزمنية» التي خطها الكاتب «جورج بيريك» في نهاية 1970 مقفلة في مكتبة أرسينال في باريس.
- كان من المفترض أن يفتح ستيف جوبس عام 2000 «الأنبوب الزمني» الذي سبق ودفنه في عام 1983، لكن حصل ذلك بالفعل في عام 2013.

نصائحي...

- كبسولة الزمن ليست بالضرورة مشروعًا شخصيًا. إذ يمكن تنظيم جلسة تتعلق بتكهن معين على المدى القصير أو البعيد (رياضي، أو انتخابي، أو علمي...). قد تكون مناسبة لمحاولة توقع نتائج الانتخابات الرئاسية المقبلة، ولكن قد تتعلق أيضًا بتطورات علمية أو طريقة تطور العالم، وبالتالي يمكن أن يكون ذلك توقعًا علميًا-خياليًا.
- يمكن لكبسولة الزمن أن تكون عبارة عن علبة تجمعون داخلها الأغراض الهامة المرتبطة بحقبة معينة.
- إن كان أطفالكم معجبون بفكرة كبسولة الزمن، فاسردوا لهم قصة جلجامش، والتي قيل إنها كتبت على صفائح تحت أسوار مدينة الوركاء التاريخية.

6 المشاركة والإقدام على طلب المساعدة

الجمع بين مختلف الأدوار

أن يصير أحدكم أبًا أو أمًا فهذا عمل فردي، لكنه مشروع جماعي أيضًا. يحمل كل من الزوجين معه تاريخه وعواطفه وقيمه وأولوياته. وتعتبر الأشهر الأولى من حياة طفلهما فرصة لإيجاد طريقة تعايش لأسرة من 3 أفراد. قد يكون هذا الأمر بالنسبة لبعض الأزواج محنة صعبة؛ فتربية الطفل تتطلب قدرًا كبيرًا من الصبر، والقدرة على التواجد معه، والطاقة، والابتكار. من الضروري أن يتجرأ المرء على طلب المساعدة؛ ويمكنكم، تبعًا للفترات التي تمرون بها وعند الحاجة طلب دعم لوجستي، ومساعدة نفسية، ونصائح عملية... يمكن أن يكون هؤلاء الأشخاص المساعدين أساسيين لمرافقتكم على مسار الأبوة، وقد يكونوا أشخاصًا محترفين أو آباء أو أصدقاء أو أفراد من الأسرة...

في ما يلي بعض الطرق التي تساعدكم في أن يكون كل واحد منكم «والدًا جيدًا بما فيه الكفاية»، دون أن تنسوا رغم ذلك:

- إن كنتم أزواجًا، افتحوا المجال **للحوار** كشركاء، وتكيفوا مع الشريك تدريجيًا.
- حددوا **ملاذكم من الأشخاص**، أي الذين بإمكانهم تقديم ما تحتاجون إليه من مساعدة، دون الحكم عليكم والتدخل في حياتكم. في نهاية المطاف، يعود القرار لكم فأنتم تعرفون الاتجاه الذي ترغبون باتباعه؛ ولا يمكن لطلب المساعدة أن يعني التنازل عن قراراتكم الشخصية.
- عليكم أن تدركوا ببساطة، بأنكم لستم مجرد آباء وأمهات، فأنتم الصديق والصديقة، المحبوب والمحبوبة، أو الرياضي والرياضية، أو الفنان والفنانة... أنتم أشخاص! من الضروري أن تحددوا موعدًا منتظمًا كي تهتموا بأنفسكم، وتشحذوا هممكم اليومية، وتخصصوا، على المدى الطويل، مواعيد استثنائية لأنفسكم؛ ولتكونوا آباء بالقدر الكافي، يجب أن تعرفوا كيف تختارون أوقاتًا للاستراحة والاهتمام بأنفسكم.

الاهتمام بأنفسكم

أنتم آباء تراعون أطفالكم، وتحبونهم وتحرصون على نموهم وازدهارهم. نعم بالتأكيد! لكنكم بشر ولديكم حدود للتحمل أيضًا. لا يمكنكم أن تتفرغوا للأطفال على مدار 24 ساعة؛ يمكنكم أن تعطوا أقصى ما عندكم، ولكنكم لستم آلات. لذلك من الضروري أن تهتموا بأنفسكم. عندما يكون الطفل رضيعًا، من الضروري تقصي احتياجاته وتلبيتها بسرعة لأنه يحتاج إليكم حصريًا، ولكن مع نموه وزيادة سنوات عمره، يصبح أكثر استقلالية.

يميل بعض الآباء إلى مواصلة تلبية احتياجات أبنائهم في كل الظروف. هذا أمر طبيعي حين يكون الطفل رضيعًا، ولكن مواصلة القيام بذلك يجعلكم تضيعون البوصلة، وتفقدون أنفسكم، ولا تعيشون إلا من أجل أطفالكم ومن خلالهم. إن إعطاء الأولوية لحياتكم من جديد هو أمر أساسي، كي تتفرغوا أكثر للعناية بأسرتكم بسكينة.

المشاركة والإقدام على طلب المساعدة

الطريقة 51	إعادة التوازن إلى مجالات الحياة	130
الطريقة 52	توزيع المسؤوليات الأسرية	132
الطريقة 53	قائمة المهام	136
الطريقة 54	مدوَّنة الأسبوع	138
الطريقة 55	ابنوا قريتكم الخاصة	140
الطريقة 56	مقابلة جليسة/جليس الأطفال	144
الطريقة 57	العلاقة مع جليسة/جليس الأطفال	146
الطريقة 58	مجالسة الأطفال	148
الطريقة 59	تنفسوا الصعداء	150
الطريقة 60	الراحة الأسبوعية	152
الطريقة 61	المواعيد الرومنسية	156

المراجع
°دونالد وينيكوت «الأم الصالحة بما فيه الكفاية» (the good enough mother).

الطريقة 51

إعادة التوازن إلى مجالات الحياة

تتطور التوازنات بمرور الزمن وتتغير الظروف (أطفال يكبرون، تغيير مهني...). إن لم تخصصوا الوقت الكافي لاستجواب أنفسكم، فقد تشعرون كأنكم تمرون في هذه الحياة دون أن تختاروا كيف تعيشونها. تتيح لكم إعادة التفكير في تقاسم مختلف مجالات حياتكم، رؤية الأمور على المدى الطويل، وإعادة ابتكار الحلول الملموسة بما يتماشى مع تطلعاتكم العميقة ووتيرة حياتكم.

سهام 40 عامًا وأطفالها الثلاثة (8 - 10 - 13 عامًا)

تخصص سهام منذ 13 عامًا الكثير من وقتها للعناية بأسرتها، باختيارها، ويُشعرها ذلك بسعادة كبيرة. اختل تقسيم المهام بينها وبين زوجها وتزايد على مر السنين، بسبب رغبتها في منح القدر الكبير من وقتها لهم. لكن عملها بدوام جزئي قيَّد تقدمها المهني، لذلك بدأ وضعها الحالي يولد لديها الكثير من الإحباط.

تدابير ستتخذها

- قبول عرض زيادة دوام العمل من 50٪ إلى 80٪ ابتداء من الشهر التالي.
- الطلب من الزوج اصطحاب الأولاد إلى المدرسة، ومن ابنها الأكبر العودة لوحده من المدرسة ابتداء من الشهر التالي.
- الشرح لابنتها بأنها ستعمل المزيد من الساعات، وتسجلها في مركز ترفيهي 3 مرات في الأسبوع.
- التسجيل بصفوف اليوغا مساء كل خميس.
- تحديد أمسيتين لها ولزوجها مرتين في الأسبوع (غير قابلتين للتفاوض) مع طلب خدمات جليسة الأطفال.

⁶ المشاركة والإقدام على طلب المساعدة

سبب الاستخدام؟

تعملون كثيرًا وتشعرون بأنكم لا تخصِّصون ما يكفي من أوقاتكم لحياتكم الأسرية، أو على العكس، إذ خصصتم كل أوقاتكم لأطفالكم منذ لحظات ولادتهم، وتشعرون بأنه لم يعد لكم وجود منذ ذلك الحين... تتيح لكم تقنية إعادة التوازن إلى مجالات حياتكم أثناء إجراء التقييمات أو التدريب، أن تنظروا إلى تقسيم مختلف مساراتكم. ولا شك أن الوعي المقترن بالإجراءات الملموسة يكفل الفرصة لإعادة التركيز.

كيفية الاستخدام؟

المراحل

1. **ارسموا دائرة** على ورقة، ثم قسموها إلى عدة أجزاء وفقًا لأهمية **المجالات الخمسة الأساسية** التالية: الحياة الشخصية (المحصورة بشخصكم: القراءة، الرياضة...)، الحياة المهنية، حياة الزوجين، الحياة الأسرية، الحياة الاجتماعية (الأصدقاء، المشاركة في المناسبات).

2. **أخفوا الدائرة الأولى وارسموا دائرة ثانية**، يكون كل مجال من مجالات الحياة الخمسة مثاليًا.

3. انظروا إلى الدائرتين، وخذوا الوقت لتدوين مشاعركم. بعد ذلك استعرضوا **احتياجاتكم لإعادة التوازن**. أي مجال ينال الأهمية الأكبر لتحقيق التوازن المثالي؟

4. اذكروا **الأفعال الواجب تنفيذها** عمليًا وعلى المدى القصير، لتطوير هذا التوازن. ويجب أن تكون تلك الأفعال واقعية ودقيقة وتاريخها محدد.

5. إذا تطلبت الأعمال إشراك شخص آخر، خذوا الوقت الكافي **لمحادثته** والتفاوض معه وعرض أسبابكم. في المثال المقترح، تحتاج سهام لقبول زوجها وأطفالها ولمواكبتهم لها مع تغيير وتيرة حياتها.

أفكار مبتكرة

- من غير الضروري أن يتوافق توزيع المجالات الخمسة في مخططكم توافقًا «حسابيًا» مع عدد الساعات المخصصة لكل مجال؛ إنها مسألة ذاتية، ويمكن اعتماد معدل وسطي بين الوقت والطاقة والقدرة والحضور الذهني في كل مجال من المجالات.

- المطلوب عدم الحكم على مصيركم أو الإحساس بالشفقة على أنفسكم، بل المطلوب تفهم الوضع بأكبر قدر من الموضوعية ومعرفة الأهداف التي ترغبون بتحقيقها.

- لا يوجد توزيع عالمي مثالي لمجالات الحياة الخمسة، إذ يرتبط برغباتكم واحتياجاتكم الآنية. ويختلف التوزيع باختلاف وضعكم المهني، وأعمار أطفالكم، ورغباتكم الشخصية، ووضعكم العاطفي... يمكن لهذا التمرين أن يفيدكم خلال الفترات الانتقالية، عند الشعور باختلال التوازن والحاجة لتركيز متجدد.

شهادات

«أتاح لي هذا التمرين السريع تقييم الوضع الحالي. واستطعت تقدير أهمية كل مجال من مجالات الحياة. كانت لدي فكرة غامضة قبل أن أبدأ بتطبيقه، ولكنه أجبرني على تحديد الأمور واتخاذ قرارات كنت أؤجلها حتى الآن». (نادين)

الطريقة 52

توزيع المسؤوليات الأسرية

يحتاج الزوجان إلى تقاسم أعباء الأسرة بعدل وإنصاف بينهما، بما يمكنهما من استعادة النقاش والمحاورة وإجراء التعديلات بانتظام. من الضروري تفحص المشاعر والاحتياجات من أجل صياغة طلبات محددة تسمح للزوجين بإيجاد الحلول المثلى.

مثال مريم، 3 أطفال

1. استنتاجاتي	أستلم إدارة البيت لوحدي تقريبًا (المشتريات، المطبخ، الغسيل...). خلال عطلة نهاية الأسبوع، يلعب زوجي مع الأطفال في حين أنظف البيت، وأطبخ.
2. مشاعري	أشعر بأني أجهد نفسي لوحدي، كي أضمن سير كل الأمور. وأشعر بإحباط كبير، لأنني لا أقضي ما يكفي من الوقت النوعي مع الأطفال، ولعدم اهتمامي بنفسي.
3. احتياجاتي	• أتمنى ألا تكون كل الأمور ملقاة على كتفي وحدي. • لأن الأطفال لا يأكلون جيدًا في مطعم المدرسة، يهمني أن أعد لهم وجبات متوازنة في المساء. • عندي هوس (قليلًا)!
4. مطالبي	• الحصول على بعض الوقت الحر لقضائه مع الأطفال (خلال أمسيات الأسبوع) ومع نفسي (في عطلات الأسبوع). • تقاسم بعض المهام مع زوجي بعدالة.
5. البحث عن الحلول	• أحدد قوائم الطعام مسبقًا، وأعد لائحة المشتريات. يشتري زوجي ما نحتاجه في نهاية الأسبوع، ويعد وجبات العشاء مرتين في الأسبوع. • خلال هاتين الأمسيتين، أتوقع أن أمضي وقتًا ممتعًا مع أطفالي (حتى وإن لم يكن المنزل نظيفًا براقًا). • يشارك الأطفال بفاعلية أكبر في الحياة المنزلية (توضيب أغراضهم، ترتيب أسرَّتهم...) • أشترك في جلسات بيلاتيس أيام السبت صباحًا.

سبب الاستخدام؟

خلال العقود الأخيرة، تطور وضع المرأة تطورًا كبيرًا، فقد حققت المزيد من التقدم في سوق العمل، ولكنها استمرت في تحمل مسؤولية تنظيم الحياة الأسرية والمهام المنزلية. بالإضافة إلى العبء المادي للأسرة، تهتم غالبية النساء بالجوانب النفسية للحياة الأسرية. وفي ظل عدم وجود نموذج عالمي للتنظيم الأسري، فإن توزيع المهام في أغلب الأوقات بين الرجال والنساء غير عادل. وقد يولد هذا الاختلال في التوازن الذي يترسخ، تدريجيًا أحيانًا، شعورًا بالإحباط والغضب ويسبب التوترات بين الزوجين. فكيف يمكن إرساء توزيع مقبول للمهام؟

كيفية الاستخدام؟

المراحل

1. من الضروري أولًا تقييم الوضع بأكبر قدر من الموضوعية. ما الذي لا يناسبكم؟ ولماذا لا يناسبكم؟ ماذا يعني ذلك؟ ما هي طبيعة العلاقة التي تربطك بالشريك؟
2. بمجرد تقييم الوضع، يمكنكم البدء بإجراء التغييرات. يتعين عليكم **طرح طلباتكم**، وكذلك تطوير ممارساتكم.
3. عندما تصيرون جاهزين، يمكن **التحدث** مع الزوج/الزوجة، والتعبير عما تشعرون به وما تحتاجون إليه.
4. خذوا الوقت الكافي للتفكير سويًا **بحلول ملموسة**، تسمح باستعادة التوازن للوضع. وتكمن الفكرة هنا في «العمل كفريق» لإيجاد وتطبيق طريقة عمل تبدو مقبولة من الطرفين.
5. ينبغي أن تتقبل بالتأكيد ألا يصير شريكك مسؤولًا عن كل المهام التي كانت من مسؤوليتك. أن يكون أحد الزوجين مثقلًا بالمهام، وفاقدًا للسيطرة على كل التفاصيل، يشير ضمنًا إلى إضعاف قدرته على تحمل مسؤولياته.
6. مراجعة الوضع بانتظام لإعادة تصويب الأمور.

المزيد من المعلومات

نستلهم في هذا الشأن تقنيات تواصل غير عنيفة. تتركز الأهمية في هذا المقام على التكلم عن أنفسكم، واحتياجاتكم الخاصة، دون لوم الآخر؛ وإلا فلا يمكن للتواصل أن يستمر.

نصائحي...

- ينبغي أن تكون المعالجة موضوعية من الطرفين، وتتضمن إدراك ما يقوم به الآخر أيضًا، والذي لا يكون مرئيًا بالضرورة (الإدارة، تنظيم العطلات...).
- يجب أن تكونوا جاهزين لإعادة النظر في طلباتكم، وخفض مستوى السعي لتحقيق المثالية (وجبات طعام متوازنة، بيت نظيف إلى حد الهوس، وظيفة متطلبة، أطفال سعداء ومستواهم الأخلاقي رفيع: إنها مساع كثيرة!).
- مراجعة الوضع بانتظام بناء على تطورات الزوجين؛ إذ يلعب الوضع المهني لكليهما دورًا في تقسيم مسؤوليات الأسرة. وتميل النساء بطبيعة الحال إلى إعطاء الأولوية لأسرهن. وقد يؤدي التحول إلى العمل بدوام جزئي إلى اختلال التوازن الذي يتزايد مع مرور الوقت.

معرفة المزيد

الجهد العقلي

هل ستصطحب المربية الطفل من المدرسة في الوقت المناسب؟ ماذا سنأكل هذا المساء؟ يجب الاتصال بطبيب تقويم الأسنان... كثيرة هي الأسئلة والطلبات التي تعبر في أذهان النساء في مختلف الأوقات خلال اليوم وفي كل الأماكن (في العمل، خلال فترات الترفيه، أثناء قراءة قصة المساء). إذا كان توزيع المهام المرتبطة بالحياة الأسرية يتطور تدريجيًا نحو المزيد من الإنصاف بين الزوجين (دون أن تحقق ذلك التوازن)، إلا أن الجهد العقلي يخص النساء بشكل أساسي. هذا الحِمل الإدراكي هو الجزء الخفي من جبل الجليد.

تتطلب الحياة الأسرية العمل الاستباقي على المدى الطويل، وتنظيم الأمور على المديين القصير والمتوسط، وضبطها على الدوام. ويولد ذلك قدرًا كبيرًا من التعب والأعباء على النساء اللواتي يعتقدن بأنهن مجبرات على تحمل كل المسؤوليات لوحدهن.

يحتاج التقسيم الأفضل للضغوط العقلية إلى تعلم كيفية نقل المهام للآخرين، ومراجعة الطلبات والأولويات والثقة بالآخر. وقد يكون مفيدًا تقسيم بعض المجالات بوضوح، على أن يهتم كل واحد من الزوجين بالتنفيذ الكامل للمسؤوليات التي أوكلت إليه. ولا يتدخل الطرف الآخر سوى للدعم، ويتخلص بالتالي من المسؤولية الأولية. على سبيل المثال: تسلم مسؤوليات المطبخ بعض الأيام، تنظيف بعض الغرف، شراء احتياجات المنزل، تأمين المؤونة من السوبرماركت، مراقبة الواجبات المدرسية (وفقًا للمواد)...

الحوار

يمكن استخدام الطريقة المقترحة في الصفحة السابقة على شكل حوار. عند توتر العلاقات، وحين يبدو بأن سير الأمور لم يعد مقبولًا، يمكن لأحد الزوجين أن يقترح على شريكه تخصيص الوقت لتبادل الكلام اعتمادًا على المراحل التالية:

- إجراء مراجعة مشتركة للوضع.
- التعبير عن المشاعر بهدوء.
- التحدث عن احتياجات كليهما واحتياجات الأسرة عمومًا.
- تحديد مطالب الطرفين استجابة لتلك الاحتياجات.
- البحث سويًا عن الحلول.

يكون تخطي مرحلة المشاعر أسهل أحيانًا، إذا جرى التعبير عنها وجهًا لوجه. قد يحصل أن يشعر الأزواج بأنهم واقعون في فخ نصبه الشريك عند التفكير لوحدهم بعض الوقت. من المهم أن يشعروا في الواقع بأنهم مشاركون تمامًا في البحث عن حلول، وفي تقييم الاحتياجات أيضًا.

الاحتراق الداخلي للأم

الحياة الأسرية لا تشبه حساب إنستغرام زاهي الألوان، أو مجموعة صور مثالية على موقع «بنتريست». صحيح أن الحياة الأسرية سعيدة ولطيفة، ولكنها صعبة ومثيرة للتوتر أيضًا، ولا تكون حياة الأسرة سهلة كل يوم. وتعتبر الأم المثالية خرافة من الخرافات؛ إلا أن تأثير المجتمع قوي إلى حد أن بعض النساء يحددن لأنفسهن شروطًا ومتطلبات صعبة التحقيق، ما يجعلهن يخسرن أنفسهن...

يبدأ الأمر بإرهاق شديد يسيطر عليكن تدريجيًا. ويكمن الخطر في الشعور العميق بالحاجة للمساعدة دون النجاح في التعبير عن ذلك، وبالتالي تشعرن بأن قوتين متضادتين تتجاذبكن. يجب أخذ الإشارات الاستباقية بجدية وفورًا، وكسر العزلة، والحصول على صحبة (أو الطلب من أحد الأقرباء المساعدة). وقد يشكل الحديث إلى طبيب العائلة مرحلة أولى إن لم تعرفن إلى من تتوجهن، فقد يحولكن إلى مختص متمرس لمساعدتكن.

شهادات

استلمت لمياء مشروعًا ضخمًا في العمل، وكانت ترغب في أن يشارك زوجها بفاعلية أكبر في الحياة الأسرية. كان طلبها عمليًا، فقد وضعت رقم هاتفها كرقم ثان على قائمة العلاقات في المدرسة، وطلبت من زوجها تولي إدارة الصلة مع جليسة الأطفال. لكن مع أول إضراب، وبسبب سفر تطلبه العمل، لم يتحمل زوجها مسؤولية استدعاء جليسة الأطفال، فغضبت لمياء.

اعتادت إيمان أن تكافئ نفسها بعطلة أسبوعية مرة في السنة بدون زوجها ولا أولادها؛ وقبل الانطلاق، كانت تملأ الثلاجة، وتحضر الطعام، وتدوِّن برنامج نشاطات الأطفال خلال عطلة نهاية الأسبوع، وقوائم الطعام... وأثناء غيابها، تتصل عدة مرات في اليوم لتتأكد بأن كل الأمور على ما يرام. وفي إحدى السنوات، مرضت في الأسبوع السابق لعطلتها، فترددت في إلغاء رحلتها، ولكنها ذهبت في نهاية المطاف، واكتفت بتوضيب حقيبتها، وقررت بعد رحيلها عدم الاتصال. عند عودتها، وجدت بأنهم كانوا سعداء كالسنوات التي أجهدت نفسها فيها بالتحضيرات، وقال لها زوجها بأن الأطفال يأكلون كثيرًا، وبأنه اضطر للتسوق مرتين.

سارة منظمة جدًا، وأثناء إعدادها للطعام في المطبخ، تراقب في الوقت ذاته الواجبات المدرسية لابنها البكر، وتطبع بعض الصفحات للتلوين من أجل ابنتها، وتتصل بصالون التجميل لأخذ موعد. في الأمسيات التي يكون فيها زوجها مسؤولًا، تراه ينجز المهام بالتعاقب، إذ يراقب أولًا الواجبات المدرسية لابنه، ثم يعد الطعام، ويرفض طلب ابنته طباعة الرسومات للتلوين. ينام الأطفال في وقت متأخر أكثر، ولكنه لا يشعر بالتوتر.

يسكن سامر وهدى في بيت جديد. وبما أن سامر مصمم غرافيك حر، فإنه قادر على تنظيم وقته بسهولة أكثر من زوجته الموظفة. لذلك تسلم مهمة التفاوض على القرض، ومتابعة أعمال المقاول، والجزء الأكبر من نقل المتاع. اضطرته هذه الفترة المثقلة بالمهام على المستوى العائلي إلى إهمال عمله، وخسر بالتالي بعض عملائه. وأدرك بعد ذلك أنه تسلم عددًا من المهام أكثر مما يجب.

سمعت زينة شقيقتها تقول بأن زوجها يساعدها مع الأطفال، فقالت بانفعال: «إنه لا يساعدني، فهو ليس جليسة الأطفال بل أب أطفالنا!»

الطريقة 53

قائمة المهام

قائمة المهام طريقة مفيدة جدًا تساعد في تنظيم الأمور، وتخفف العبء الذهني في تحديد المهام الواجبة، وتقييم الوقت الضروري لكل واحدة من تلك المهام، وتتبع تنفيذ كل منها، ومعرفة ما قد تم إنجازه. وتسمح أيضًا بعدم إهمال الاهتمام بالنفس. إنها قيِّمة لتعزيز المعنويات شرط معرفة كيفية استخدامها!

مثال عن قائمة سارة، أم لطفلين

قائمة المهام

- أخذ موعد مع طبيب العيون
- تعبئة طلب التسجيل بصف الكاراتيه
- الاتصال بوالدتها بخصوص العطلة
- إعداد الدعوات لذكرى ميلاد ابنها
- شراء لباس الكيمونو لابنتها
- الاتصال بالسمكري
- ممارسة رياضة المشي

قائمة الأهداف

- توضيب العلية
- التخطيط لذكرى ميلاد ابنها
- تحديد الاستعدادات للمناسبة
- إجراء علاج الديتوكس
- تصنيف صور العطلة

سبب الاستخدام؟

أصبحتم تعرفون الآن قائمة المهام ومبدئها، ولكنكم تميلون لكتابة قوائم جميلة ومزينة دون اتباعها. فكيف يمكن استخدام هذه الطريقة بفاعلية؟ لتحقيق ذلك، ينبغي العودة إلى الأساسيات وعدم الخلط بين قائمة المهام وقائمة الأهداف أو القرارات الجيدة...

كيفية الاستخدام؟

المراحل

1. اختيار **الوسائل التي تناسبكم**: قد توضع المهام على أوراق الملاحظات اللاصقة بشكل يومي، أو على أوراق بيضاء في مفكرة المهام الأسبوعية أو على بطاقة رقمية...
2. البدء بوضع قائمة المهام مع التذكر بأن هدفها ليس تحديد الأهداف طويلة الأمد، بل ذكر **المهام الواجب إنجازها على المدى القصير**. لذلك من الضروري تفصيل المهام (كما تعملون من أجل طفلكم، أُنظر الطريقتين 6 و7) وحصرها بتلك القابلة للتحقيق، لتفادي وقوعكم في حالة من الإحباط. ويمكن ترتيب هذه القائمة عبر البدء بالأكثر إلحاحًا وأهمية.
3. قد يكون من المفيد **تحديد المدة المطلوبة لإنجاز المهام** كي لا تصابوا بالإحباط. على سبيل المثال إن تسنت لكم ساعة من الوقت بعد العمل للاهتمام بالمنزل، فابتعدوا عن وضع 15 مهمة بالقائمة، إذ تحتاج كل منها إلى 10 دقائق لإنجازها.
4. يحين الوقت حينئذ للانتقال إلى الجزء المكافئ، **ووضع علامة** إلى جانب المهام المنجزة شيئًا فشيئًا، مع الأخذ بالاعتبار المهام المنفذة. ثم **دوِّنوا** المهام المحتملة التي لم يتسن لكم إتمامها على قائمة المهام الخاصة باليوم التالي، أو الأسبوع التالي.
5. إن كنتم من النوع الذي يضع قوائم للمهام ولا يتبعها، فقد يكون من المفيد أن **تدونوا المهام الواجب تنفيذها على مفكرتكم الخاصة**. عند تحديد الوقت لتأدية مهمة ما، تلتزمون بتنفيذها، ويصبح صعبًا عليكم تأجيلها إلى ما بعد.
6. يمكنكم إدراج **النشاطات التي تعود عليكم بالفائدة** ضمن القائمة أيضًا. لذلك فقد يكون فعالًا تحديد أوقات للنشاطات الإلزامية، ولأوقات الراحة بالتناوب.

نصائحي...

- قد يؤدي وضع القوائم إلى هدوء البال؛ فعند تدوين المهام الواجب إتمامها على الورق، فإنها لن «تلوث» الذهن بعد ذلك، ويخف احتمال الاستيقاظ في منتصف الليل للتفكير بأشياء هامة يجب عدم نسيانها. قد يكون من المفيد أيضًا أن يجري المرء جردة سريعة لإنهاء وتحديد مهام اليوم التالي قبل مغادرة المكتب، والمهام الشخصية في المساء بعد وجبة العشاء. لا شك بأنه من الأسهل تحديد المهام عندما نكون «في عين المكان». ويفضل أن توضع قائمة المهام الشخصية في المنزل والمهام المهنية في المكتب.
- قد ينفع أن نفكر بين الحين والآخر بقائمة المهام غير الضرورية. يتمثل الأمر في استباق مخاطر التأجيل، وتقييم الوقت الذي تحتاجه هذه المهام، والتفكير بطريقة للتخفيف من ضياع الوقت. على سبيل المثال تصفح الشبكات الاجتماعية، إفراغ غسالة الصحون كل صباح... في ما يخص غسالة الصحون، يمكنكم تكليف الأطفال بتفريغها للمساهمة في الحياة المنزلية.

الطريقة 54

مدوَّنة الأسبوع

تسهم مدوَّنة الأسبوع في تنظيم اليوميات بالجمع بين أداتين: المفكرة وقائمة المهام. عند تنظيمها في العطلة الأسبوعية، توفر نظرة شاملة للأسبوع التالي. وعند تحديثها بانتظام، تساعد على متابعة ومراقبة التقدم المحرز في المهام الواجب تطبيقها. وتشكل هذه المدونة أيضًا دعمًا يساعد على جرد أعمال اليوم، وتدوين الإنجازات، والجوانب المشرقة.

6 المشاركة والإقدام على طلب المساعدة

سبب الاستخدام؟

أعمال منزلية، إجراءات إدارية، مواعيد مع الأطباء، تنظيم نزهات وارتباطات الأطفال، العطلات المقبلة... ولا ندرج هنا الأعمال الواجب تنفيذها خلال الأسبوع دون التحدث عن المفكرة المهنية. قد تميلون إلى نسيان مواعيدكم، وقد يتعبكم الاحتفاظ في ذاكرتكم بألف عمل ينبغي تنفيذه، وهذا أمر مفهوم. لمساعدتكم في هذا الإطار، قد يكون من المفيد تفادي نسيان بعض الأعمال والشعور بأنكم غارقون في العمل، واجمعوا بين قائمة المهام وبين الخطة الأسبوعية.

استلهمت هذه الأداة بحرية من *Bullet Journal وهي مفكرة نبتكرها بأنفسنا على دفتر أبيض.

كيفية الاستخدام؟

المراحل

1. إعداد أو تصوير **المفكرة** المقترحة في القسم الأخير في هذا الكتاب.
2. تخصيص الوقت، في نهاية الأسبوع، لوضع **قائمة المهام** الواجب تنفيذها، والمواعيد الواجب تسجيلها، أو الأشخاص الواجب الاتصال بهم خلال الأسبوع التالي.
3. **إدراج** المواعيد الهامة **في المفكرة**، ما يسمح بإبراز الأوقات المتوفرة؛ وبالتالي يمكن تخصيص الوقت الإضافي لمهمة طويلة بعض الشيء أو تحتاج للمزيد من التركيز. ينبغي أيضًا إدراج الأوقات التي تعود عليكم بالفائدة: أوقات للراحة، فترة مخصصة للزوجين أو مع الأطفال...
4. يجب أن تبقى هذه الخطة **في متناول اليد دومًا** لتطويرها تدريجيًا، فتشطبون المهام المنفذة، وتضيفوا المواعيد الجديدة...
5. يمكنكم أيضًا أن تخصصوا الوقت كل مساء **لتدوين النجاحات المحققة**، أو مشاعر السعادة التي تخللها يومكم.
6. في نهاية الأسبوع، يمكنكم إعداد **خطة الأسبوع المقبل** استنادًا إلى خطة الأسبوع المنصرم، بالنسبة للمواعيد المنتظمة وتسجيل المهام التي لم تتمكنوا من تنفيذها. يمكن قص أو إعادة نسخ نجاحاتكم ولحظات السعادة العابرة على المفكرة للاحتفاظ بها.

نصائحي...

- تسهم مفكرة الأسبوع في وضع برنامج للمهام، ولكنها تتيح أيضًا إمكانية تحديد فترات الاستراحة الأسبوعية واللقاءات الرومنسية مع الشريك أيضًا.
- يمكن تخصيص ألوان معينة لنشاطات مختلفة، مثل تحديد لون لكل ما يتصل بالأعمال المهنية، ولون آخر للنشاطات الأسرية، ولون ثالث للأوقات الشخصية.
- إن كنتم تستخدمون مفكرة من قبل، فلا تضاعفوا عدد هذه المفكرات. يمكنكم الاستفادة من هذه التقنية بوضع قائمة المهام إلى جانب البرنامج الأسبوعي. من الأفضل اختيار مفكرة تعطيكم نظرة شاملة وسريعة مع وجود بعض المساحة للملاحظات، ويمكنكم تقسيمها إلى عدة أقسام مختلفة مثل تلك المقترحة على البطاقة (قائمة المهام، الاتصال، تذكير...) أو أقسام أخرى تتناسب مع أسلوب حياتكم (الأعمال الحرفية، القراءة...).

الطريقة 55

ابنوا قريتكم الخاصة

من الضروري أن نكون محاطين بشبكة من الأشخاص الداعمين من أجل:

- **تبادل التجارب** والاستلهام منها، لإيجاد حلول تتناسب مع أسرتكم وتخفيف التوتر...
- **التعاضد** العملي والاعتناء بالأطفال، وتقديم يد المساعدة لبعضكم بعضًا...
- **إفساح المجال لأطفالكم** في أن يكونوا برعاية ومرافقة بالغين آخرين.

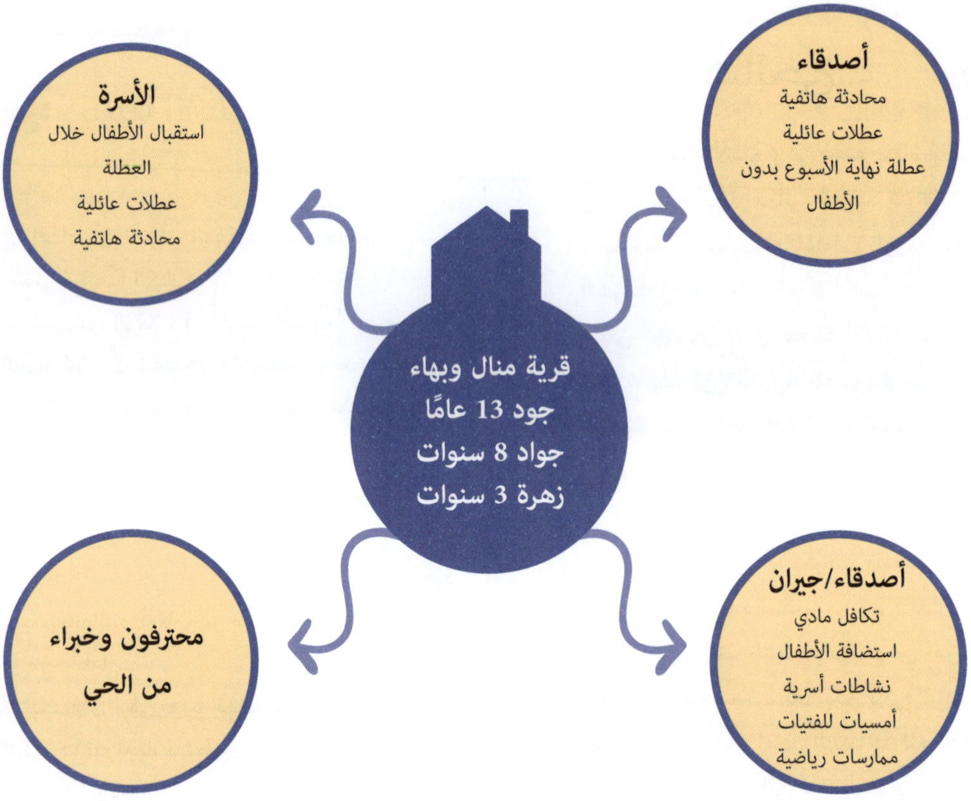

قرية منال وبهاء
جود 13 عامًا
جواد 8 سنوات
زهرة 3 سنوات
أصدقاء
محادثة هاتفية
عطلات عائلية
عطلة نهاية الأسبوع بدون الأطفال
الأسرة
استقبال الأطفال خلال العطلة
عطلات عائلية
محادثة هاتفية
أصدقاء/جيران
تكافل مادي
استضافة الأطفال
نشاطات أسرية
أمسيات للفتيات
ممارسات رياضية
محترفون وخبراء من الحي

‏6 المشاركة والإقدام على طلب المساعدة

؟ سبب الاستخدام؟

«نحتاج لقرية كاملة كي نربي طفلًا»؛ إذا كان من الصعب معرفة أصول هذا المثل الإفريقي الذي أعادت هيلاري كلينتون التذكير به وأخذته عنوانًا لأحد كتبها، فهناك أمر واحد مؤكد: إننا نحتاج أن نكون محاطين بالأشخاص كي نربي أطفالنا! لقد أصبح الانتقال الجغرافي متاحًا إلى حد أننا لم نعد نعيش بالضرورة على مقربة من أسرتنا وأصدقائنا المقربين. لكن كيف نستطيع جمع هذه الشبكة من الأشخاص والحفاظ على العلاقة بهم؟

كيفية الاستخدام؟

المراحل

1. تجربة الأبوة والأمومة ليست مغامرة نستطيع أن نعيشها لوحدنا، إنما من الضروري أن **نتشارك سعادتنا كما صعوباتنا مع الآخرين**، وأن نشعر بالدعم وبالحصول على المساعدة... لذلك من المهم أن نكون واعين لهذا الأمر.

2. عند ولادة أطفالكم، يمكن لعلاقاتكم مع أصدقائكم الدائمين أن تتطور، وقد تشعرون بالرغبة الطبيعية في التقرب من **الأشخاص الذين عاشوا التجارب نفسها**. يتطلب إثراء شبكة الأصدقاء هذه، بذل الجهود الضرورية (بالنسبة للأكثر انطواء في كل الأحوال)، والإقدام على التواصل مع الآخرين. يمكنكم مثلًا التواصل مع الآباء الذين تلتقون بهم في المدرسة، تخصيص الوقت للتعرف على والدي صديق ابنكم المدعو للعب معه. ويمكن لهذه «اللقاءات» الأولى أن تتم في بيئة مفتوحة مثل المنتزه.

3. نكون أكثر قوة إذا كان عددنا أكبر، ولذلك لا تترددوا في **إقامة الصلات** بين «الآباء» الذين يحيطون بكم.

4. بعد التعارف والشعور بالارتياح، يمكنكم التحدث والتعبير عن مصاعبكم. إن الحديث عن ضعفكم لا ينتقص من قيمتكم أبدًا، لا بل بالعكس يوفر الفرصة لمحدثكم للتعبير عن مشاكله الخاصة، وبموجب هذا التبادل بينكم، **تبرز الحلول**...

5. يمكنكم أيضًا **تقديم المساعدة وطلبها**؛ ومن دون أن تحتاجوا لإرساء صلة متوازنة منذ البداية، فقد تتوازن المحادثات مع الوقت، أو بما يتناسب مع إمكانيات كل واحد، ومدى توفره.

6. بناء شبكة من العلاقات في البيئة الجغرافية القريبة، لا تعني محو كل العلاقات السابقة، واستبعاد الأصدقاء وأفراد الأسرة الذين يعيشون بعيدًا. قد تكون المساعدة عن بعد قيِّمة أيضًا.

نصائحي...

- يوجد في بعض المدن مواقع للقاءات مثل المقاهي الخاصة باجتماعات الآباء وغيرها.
- تكون هذه الشبكة أهم عندما يكون المسؤول عن الأسرة أحد الوالدين بدون شريك. يصبح هذا الدعم ضروريًا على المستوى اليومي، وفي حال كانت التحديات قاسية، فقد تتولى القرية المسؤولية عنه أحيانًا.

معرفة المزيد

«القرية» بالنسبة للأطفال

لا تقتصر أهمية القرية عليكم فحسب، بل تلعب دورًا أساسيًا في نمو أطفالكم. و«يستفيد» الطفل من هذه الشبكة التي تحيط بأسرتكم، ويكملها الأشخاص الذين يقابلهم الطفل بنفسه (المعلمون، المدربون الرياضيون، أهالي الأصدقاء...).

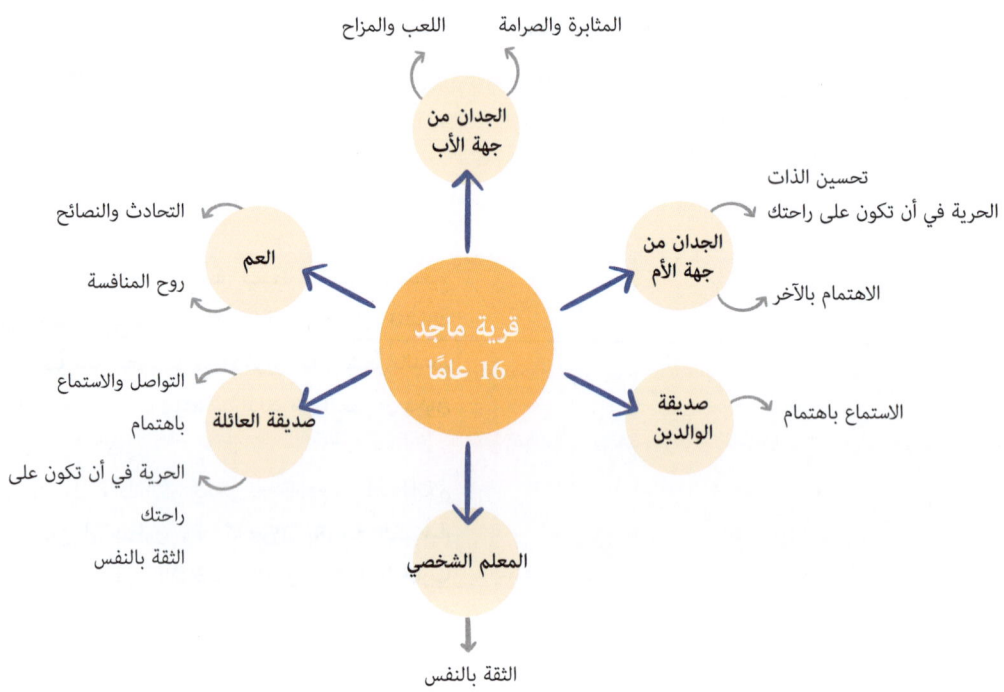

تجربتي

عندما كنت طفلًا، كانت قريتي زاخرة بالخالات والأعمام، وكنت أقابلهم خلال العطلات. كنت أشعر بأني حر أثناء الحديث معهم، وكذلك الجارات اللواتي كنت أستطيع مناقشتهن بهدوء بدون وجود والديّ. ولعبت معلمتا الرياضة والفنون الجميلة دورًا أساسيًا في تشكيل شخصيتي.

شهادات

«أرافق العديد من النساء الناجحات مهنيًا. ومن خلال محادثاتنا، فوجئت حين عرفت أن أغلبهن لا يتجرأن على طلب المساعدة لا في السياق المهني ولا الشخصي». (أمال)

«عندما كان ماهر صغيرًا، وزادت حدة التوتر في المنزل بينه وبين أشقائه وشقيقاته، كان يذهب إلى بيت جيراننا، فيخفف ذلك من توتره قليلًا ويعود مسترخيًا إلى المنزل بعد استعاد هدوئه». (جيهان)

«لي أصدقاء لديهم أطفال أكبر سنًا من أطفالي، وأحب أن أرى كيف يجدون حلولًا للمشاكل التي ستعترض طريقي في ما بعد. إنهم مصدر إلهام بالنسبة لي!» (إلهام)

«عند ولادة طفلي الأول، كان لي صديقة تعاني من عدم قدرتها على الحمل. كان لديها الكثير من أوقات الفراغ فعرضت عليَّ أن تجالس ابني لمساعدتي، وبما أني لم أكن أستطيع أن 'أبادلها' هذه الخدمة، فقد كنت أشعر بالانزعاج حيالها، ولم أقبل مساعدتها التي كنت بأمس الحاجة لها. لا شك أن تصرفي هذا قد أحزنها لأنها ابتعدت عني في نهاية المطاف. وبذلك خسرت كل شيء: المساعدة والصديقة...». (تهاني)

«عندما تعرضت لحادث سير خطير، تجمعت حولي شبكة من الأشخاص لمساعدتي بهمة عالية. اهتمت صديقتي بدراسة ابني الذي كان يتحضر لتقديم الشهادة المتوسطة، في حين تكفل آخرون بالمشتريات وتنظيف المنزل...وبما أني كنت أربي ابني لوحدي، فقد سمح لي ذلك بتحمل وضعي خلال تلك الفترة الصعبة». (سمر)

«ولد أطفالي في غربتنا في الولايات المتحدة. لم أكن أعرف أحدًا، ولذلك تسجلت في مجموعة محادثة 'أنا ومجموعة من الأمهات'، لكني شعرت بالحيرة لأن النساء كن يتحدثن حصريًا عن سعادتهن وحماسهن للأمومة. من جهتي، كنت أشعر بالوحدة والضياع بينهن، لذلك انسحبت بسرعة من المجموعة. بعد بضعة أشهر، تقربت من أمهات فرانكفونيات كنت أتشارك معهن تجاربي، وأتحدث عن مصاعبي، وكنا نتبادل الخدمات... ساعدني ذلك كثيرًا للتقدم في يومياتي وتخفيف توتري...». (ديما)

الطريقة

56

مقابلة جليسة/جليس الأطفال

يتيح تحضير المقابلات وضع جردة موضوعية لمختلف الأشخاص الذين جرت مقابلتهم، لكي يتم اختيار الشخص الأمثل، وبناء علاقة ثقة معه لاحقًا.

6 المشاركة والإقدام على طلب المساعدة

❓ سبب الاستخدام؟

تستعدون لتوظيف شخص ما كي يعتني بالطفل، وتتساءلون عن الخيار المناسب. لا ترغبون في ارتكاب أي خطأ، ويمكن الاستفادة من النماذج المقتبسة من العالم المهني لاختيار الشخص الموثوق به.

💡 كيفية الاستخدام؟

المراحل

1. **تحديد المعايير** التي لا ينبغي خرقها (المواعيد، المهام الواجب تطبيقها...)، فضلًا عن قائمة الأسئلة التي تبدو هامة من أجل معرفة كفاءات المرشحين/المرشحات الذين ستقابلونهم.
2. **وضع دليل لمقابلة العمل** التي ترغبون باستخدامها لجميع المرشحين/المرشحات. ذلك يسهم في إضفاء الطابع الموضوعي على مقابلات التوظيف، ويمكن استخدام البطاقة المقترحة في نهاية الكتاب كما هي أو الاستلهام منها.
3. اعتماد **الاختيار المسبق** للمرشحين/المرشحات عبر الهاتف، وانطلاقًا من هذا التواصل الأولي يمكن التأكيد على المعايير الرئيسية للوظيفة، ويعطيكم الانطباعات الأولية.
4. **استقبال كل مرشح/مرشحة** بهدوء تام، مع تدوين إجاباتهم، والحرص على إقامة تبادل فعلي للتباحث بخصوص المواضيع التربوية. وينبغي أيضًا إعطاء الفرصة لطرح الأسئلة (فالتوظيف ثنائي الاتجاه)، للتأكد بأنكم متوافقين.
5. تخصيص الوقت **لتقييم النتيجة** عند نهاية المقابلة (إن كنتم تجرون المقابلة وجهًا لوجه، يجب تبادل الانطباعات في ما بينكم).
6. إن كنتم تودون التأكيد على اختياركم، لا تترددوا في **استقبال** المرشح/المرشحة **مرة ثانية**، بتنظيم لقاء أولي مع أو بدون الأطفال.
7. **إبلاغ** المرشحين/المرشحات بقراركم، حتى وإن كان سلبيًا.

أفكار مبتكرة

- تحديد فترة تقديرية (بين 30 و40 دقيقة)، وإبلاغ المرشحين/المرشحات بمجريات عملية التوظيف (مرشحين آخرين تمت مقابلتهم، المهلة الزمنية للإجابة...).
- لإطلاق الحوار، يفضل أن تبدأوا بالأسئلة المفتوحة (الأسئلة المغلقة تستدعي الإجابات بنعم وكلا...).
- عندما تتعاملون مع وكالة، تكون مرحلة المقابلة أساسية لضمان حسن سير الأمور. وكذلك الحال بالنسبة لتوظيف شخص أوصى به أحد الأقرباء. تختلف متطلبات وشروط العمل بالتأكيد، ولذلك تكون المقابلة أساسية لتوضيح الأمور من الطرفين.
- في حال توظيف مساعدة حضانة، يكفي اعتماد الطرق المقترحة.

شهادة

«خلال مقابلة التوظيف، يكون الانطباع الأول هو الأفضل، خصوصًا إذا كان المرشح/المرشحة سيئًا!»

(جميل)

الطريقة 57

العلاقة مع جليسة/جليس الأطفال

إن أردتم بناء علاقة مهنية مع الشخص الذي يعتني بأطفالكم، من الهام تحديد إطار العمل بوضوح، والتحضير المنتظم لمقابلة رسمية، وطلب توضيح أي غموض محتمل، وإعادة الحوار إلى وضعه المناسب.

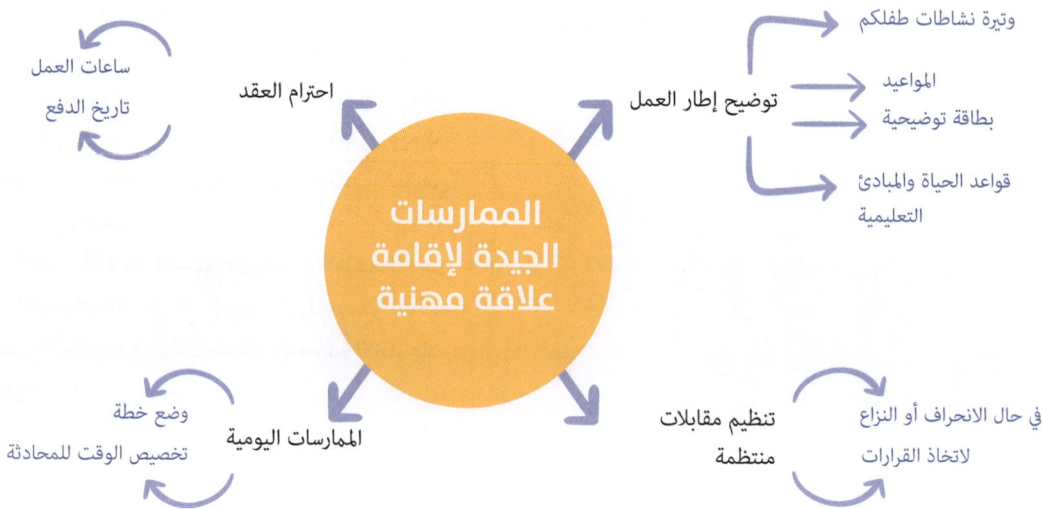

سبب الاستخدام؟

لقد قمتم بتوظيف الشخص المناسب لمجالسة الطفل. فما هو السبيل يا ترى لإيجاد التوازن الصحيح بين الثقة العمياء والسيطرة المفرطة؟ لتحقيق هذا التوازن، يجب إرساء علاقة مهنية مع الجليسة من خلال التعريف الواضح لتوقعاتكم وتفادي أي انحرافات، وضمان احترام للعقد من جانبكم.

كيفية الاستخدام؟

المراحل

1. إعداد **بطاقة مرجعية** تتضمن أرقام الهواتف الخاصة بكم، وهواتف الأشخاص الواجب الاتصال بهم في حال الطوارئ (المستشفى، الطوارئ...)، بيانات الأشخاص الداعمين المرتبطين بأولادكم (طبيب العائلة، معالج النطق، الجيران، الأهل، أصدقاء الأطفال...) وطباعة أكثر من نسخة (تحتفظون بنسخة لكم، ونسخة للجليسة، ونسخة تلصق على الثلاجة).
2. التوضيح منذ البداية **إطار العمل**: مواعيد العمل، وتيرة يوميات الطفل، أهدافكم التعليمية (المرتبطة خاصة بالطعام، مشاهدة الشاشات، اللعبة المفضلة، المصاصة...)، استخدام الهاتف.
3. إعداد **برنامج كل أسبوع** وتعليقه على الثلاجة أو لصقه على دفتر، ويتضمن المواعيد المحتملة، وقوائم الطعام، والمشتريات المطلوبة...
4. تخصيص بعض الوقت **للتواصل** مع نهاية دوام الجليسة، كما يحصل عند استلام الأطفال من الحضانة.
5. **البقاء متيقظين وعلى السمع** خلال الأسابيع الأولى، فخلال هذه الفترة تأخذ العلاقة مكانها.
6. في حال اختل الوضع، أو حصل حادث ما، يجب التصرف بسرعة. تتمثل الطريقة الأمثل في تنظيم **حوار رسمي** يمكن أن يصل إلى حد إجراء «مقابلة لإعادة تحديد إطار العمل» بإخطار الشخص مسبقًا. تحصل هذه المقابلة دون إشراك الأطفال، الذين يطلب منهم اللعب في غرفهم. وتوفر هذه المقابلة الفرصة للتعبير عن القلق والشكوك ومواضيع الاختلاف، مع الحرص على الاستماع لرأي جليسة الأطفال وتبريراتها بكل عناية. الهدف من هذه المقابلة يكمن في إيجاد حل مقبول من الطرفين. ويمكن أخذ ما يكفي من الوقت للتفكير في إيجاد الحل الأمثل بتفادي ردود الفعل المباشرة.

نصائحي...

- خلال الأسابيع الأولى، كرروا مبادئكم عند الضرورة؛ ومع مرور الوقت، قد يكون من المجدي ذكر الأعمال التي أحسن إنجازها، إرفاقها بملاحظات إيجابية وكلمات الثناء...
- يلقى على عاتق الشخص المسؤول عن رعاية طفلكم واجبات ومسؤوليات، وينطبق الحال عليكم أيضًا (احترام المواعيد، تاريخ دفع الراتب...).
- من شأن إجراء اجتماع رسمي منتظم، على غرار الاجتماعات السنوية في عالم الشركات، دون انتظار وقوع أي حادث، أن يسلط الضوء على أي حالات من عدم الرضا من الجانبين، وبالتالي إيجاد حلول للمشاكل الكامنة دون انتظار اختلال الوضع.

الطريقة

58

مجالسة الأطفال

ما إن تجدوا جليسة أطفال مناسبة، وغالبا ما يتم ذلك بتوصيات من الأصدقاء، من الضروري أن تعرضوا عليها كل توقعاتكم بدقة، فضلًا عن عرض قواعد الحياة الأسرية المعتمدة لديكم وعادات أطفالكم.

أمثلة عن سير ذاتية

لورا

- يمكنها المساعدة في الواجبات المدرسية
- تعرف كيف تعتني بالرضيع
- تنظف المطبخ بعد العشاء
- تملك سيارة

ليال

- تحضر قوالب الحلوى وتنظم نشاطات للأطفال
- تعرف كيف تحيي احتفالات ذكرى الميلاد
- موثوق بها وملتزمة بالمواعيد

فادية

- تنظم ألعابًا في الحديقة
- تحب سرد القصص
- تسكن في مكان قريب

6 المشاركة والإقدام على طلب المساعدة

؟ سبب الاستخدام؟

لا مجال للاستهزاء بجليسة الأطفال، فهي فرد هام في «قريتكم»، وهي حليف لا مفر منه. يمكنها أن تحل محلكم بانتظام إلى حد ما، وتسمح لكم في الوقت ذاته بأخذ استراحة وتهتم بكم.

كيفية الاستخدام؟

المراحل

1. لا يوجد وصفة جديدة لإيجاد جليسة أطفال سوى ما تسمعونه من **معلومات يتناقلها الناس**. ومن الضروري الاستفسار من الأقارب والأصدقاء... يمكن أيضًا تعليق إعلان عند مدخل المبنى. إن لم تجدوا المربية رغم ذلك، يمكن الاستعانة بالوكالات أو الأماكن التي يمكن أن تربطكم بالمطلوب والموجودة في بعض المدن.

2. ينبغي أخذ الوقت الكافي، بعد توظيف المربية، لحل **المسائل العملية** (قد تبدو تافهة لكنها ستصبح أساسية على المدى الطويل) مثل البدل المادي لكل ساعة عمل والتنقلات. ويتمثل الوضع المثالي في إيجاد الجليسة التي تعيش على مقربة منكم لتفادي التوصيل المتأخر إلى جهة بعيدة عن منطقتكم.

3. تحديد كل **المتطلبات** بوضوح: حمام الطفل، إعداد الطعام، تنظيف المائدة بعد الأكل، المشاركة في نشاطات الأطفال... وبالطبع، لا تنسوا موعد نوم الأطفال! لا تترددوا في تحديد قواعد استخدام الأطفال للشاشات بدقة، فضلًا عن كل المواضيع الأخرى التي يمكن لأطفالكم أن يجربوها (الحلويات، التغذية...).

4. حاولوا أن تشرحوا للجليس/الجليسة ما الذي يجب فعله عندما يصاب أحد أطفالكم بحالة من **الحزن أو الكآبة**، وما يمكن الاستعانة به في تلك الحالات (لعبة معينة، مصاصة، ألبوم صور، موسيقى...). ألصقوا على الثلاجة أرقام الأشخاص الذين يمكن التواصل معهم في حالات الطوارئ.

5. قد تكون «**المحاولات**» ضرورية لإيجاد الشخص أو

الأشخاص المناسبين لتوفير المصادر. إن كان المعيار الأساس يتمثل في العلاقة مع الأطفال، فقد تكون مسألة النظام في المنزل أساسية كذلك.

نصائحي...

- إن كنتم تعيشون في المدينة، فإن العديد من الشابات/ الشباب يبحثون عن وظائف ثانوية، ولذلك خذوا الوقت الكافي لإيجاد الجليسة التي تحقق تطلعاتكم: تتوافق مع الأطفال أثناء اللعب، ويمكن أن تتابع واجباتهم المدرسية...
- إن كنتم ترغبون في توظيف جليسة أطفال في توقيت معين (عند انتهاء اليوم الدراسي، أيام الخميس)، يمكن أن تبلغوها بإمكانية إيجاد بديل عنها عند الحاجة (في فترة امتحاناتها مثلًا).
- في ما يختص بالمواعيد المنتظمة أو المناسبات غير الاعتيادية (حفلة عائلية، ذكرى ميلاد، سهرة رأس السنة)، يمكن أن تقترحوا مبلغًا إضافيًا للجليسة.
- حافظوا على ولاء جليسة الأطفال بتحديد مواعيد رعاية الأطفال مسبقًا. وإن أمنتم لها مدخولًا مستمرًا، فإنها لن تضطر للبحث عن عائلات أخرى للعمل عندها.

تنفسوا الصعداء

الطريقة 59

من الضروري الحصول على فترة للاسترخاء، كي تتمكنوا من الاستمرار في الحياة اليومية. يمكن استخدام هذه الطريقة الوقائية والعلاجية لاسترجاع القدرة على التركيز، واستعادة الهدوء لفترة من الوقت والابتعاد قليلًا عند تصاعد حدة التوتر. وتشكل تقنيات التأمل أو الاسترخاء مصادر مفيدة يمكن أن تستلهموا منها «كيفية تعلم الراحة».

ماذا يحصل إذا لم نأخذ فترة راحة؟

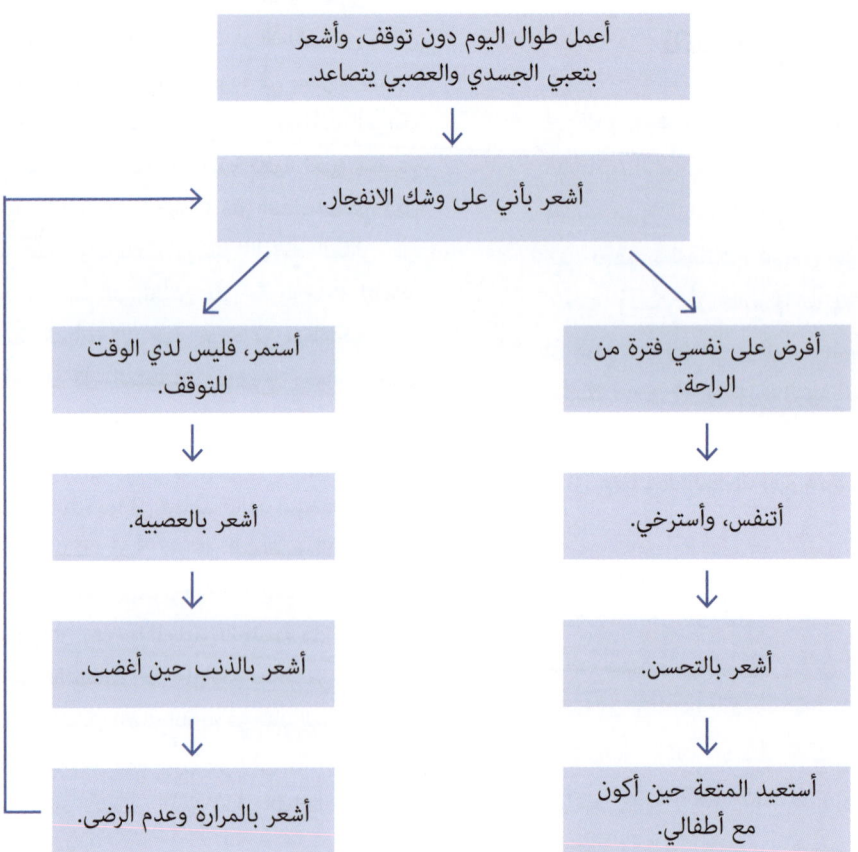

سبب الاستخدام؟

الحياة الأسرية مزدحمة، وتشعرون أحيانًا بأنكم تعيشون بأنفاس مقطوعة، دون الحصول على أية فرصة للتنفس والتفكير. وعند وجودكم في المنزل، تتراكضون من غسل الملابس، إلى إعداد الوجبات، وتأمين المشتريات، وحل نزاعات الأطفال، ومتابعة واجباتهم الدراسية وفورات غضبهم... بالإضافة إلى واجباتكم كأولياء أمور، تضطرون للرد على الهاتف، والانتقال بين الحاسوب والشبكات الاجتماعية... من المفيد أن نتعلم كيف نمنح أنفسنا فترة من الراحة، ونكون المثال لأطفالنا، فالقدوة لها تأثير أساسي في تربية الأطفال.

كيفية الاستخدام؟

المراحل

1. يمكنكم تثبيت فترة الراحة لأغراض **وقائية** في موعد معين من اليوم، ولكنها قد تكون مفيدة حين **تشعرون بتصاعد مشاعر الغضب** أو لتنفيس مواقف النزاع. بهذه الطريقة، عوضًا عن التصرف بعصبية، تأخذون الوقت الكافي لإبعاد أنفسكم عن التوتر، ويمكنكم بعد ذلك العودة لمناقشة الموضوع بهدوء.
2. لكي تكون فترة الراحة ناجعة، من المهم **أن يعرف** المقربون منكم بها. قبل أن تعزلوا أنفسكم، قولوا لأطفالكم: «سأتوقف لخمس دقائق، إني بحاجة للهدوء»، «سأستلقي لبرهة للراحة، ومن ثم يمكننا أن نقرأ قصة سوية». عندما يكون الطفل في سن صغيرة، يمكنكم أن تتفقوا مع الزوج/الزوجة لكي يتحمل المسؤولية خلال «غيابكم».
3. يشكل الانعزال عن أطفالكم مرحلة أولى، ولكنها ليست كافية. لكي تحقق هذه العزلة النجاح، يجب أن تتوفر لها شروط أخرى:

- لن تحقق العزلة أي فائدة إن كنتم «ستستغلونها» لتأدية بعض المهام المنزلية التي لم تتمكنوا من إنجازها بوجود الطفل.
- هذا الوقت مخصص لكم حصريًا، بعيدًا عن متطلبات الأسرة من جهة، ومن جهة أخرى عن العالم الخارجي المتمثل بالهاتف والشبكات الاجتماعية.
- لا تكون فترة الراحة بالضرورة طويلة، فهي تتراوح بين 5 و20 دقيقة، ويجب خلال هذا الوقت الانقطاع عن كل شيء. ولتحقيق ذلك، يمكن الحصول على أفكار مستلهمة من تقنيات الاسترخاء والتأمل لاسترجاع السكينة، والتعلم من جديد كيفية عيش اللحظة في الوقت الراهن (أُنظر الطريقة 59).

نصائحي...

لا يوجد أي مانع في أن تقدموا لأنفسكم فترة واحدة من الراحة في اليوم، 5 دقائق لا غير تختلي فيها مع نفسك، وتستغلها من أجل:

- شرب كوب من الشاي أو القهوة
- التمدد
- أخذ الوقت للتنفس من البطن
- الحصول على جلسة مقتضبة من الاسترخاء
- أخذ قسط من النوم
- قراءة مجلة
- الاستماع إلى أغنية تبث الفرح

الطريقة 60

الراحة الأسبوعية

استعادة التوازن تحتاج لأوقات منتظمة من الراحة والتنفس، فهي تمنحكم إمكانية استرجاع القدرة على التركيز، وتصبحون بالتالي أكثر تواجدًا وتفرغًا لأسركم. لكن الاهتمام بأنفسكم يتطلب طقوسًا، ومواعيد محددة مسبقًا، وإلا فإن هذه الفترة ستصبح مليئة بالمهام العديدة التي تفرضها الحياة اليومية ذات الوتيرة السريعة.

راحة شخصية

- شرب الشاي على الشرفة (مثل السابق قبل ولادة الأطفال!)
- حمام (على ضوء الشموع وبرفقة كتاب)
- قيلولة مطولة (أثناء وجود ابني برفقة الأولاد في الحديقة)
- كتاب جيد
- الاستماع إلى الراديو
- الاستماع إلى الموسيقى (على قرص مدمج لتفادي أي انقطاع!)
- فترة من المشي (في الحديقة، في الريف، في المدينة)

مع الأصدقاء

- حضور مسرحية
- غداء
- جلسة في المقهى
- عشاء مع الصديقات
- زيارة معرض في المساء
- نزهة في الغابات
- كل أسبوع:
  جلسة رياضة (التشارك في هذه الجلسات مفيد لجسدك، ولا تمنع المحادثات!)

سبب الاستخدام؟

متى كانت آخر مرة لعبتم فيها كرة القدم مع أصدقائكم، أو شاهدتم حفلة موسيقية، أو قرأتم كتابًا، أو ذهبتم في نزهة إلى الجبل؟ متى تخليتم عن شغفكم للعناية بأسرتكم؟ منذ أسابيع، منذ أشهر، منذ سنوات ربما؟

حياة الآباء والأمهات متطلبة جدًا، ولكن إن نسيتم أنفسكم طوال الوقت، فقد تتعرضون للسقوط مرضى ومرهقين، وسيشعر أطفالكم بهذا التعب. لن تتمكنوا بالطبع من العودة إلى منافسات ركوب الأحصنة بعد ولادة الطفل، ولا السفر إلى المقلب الآخر من العالم بصحبة رضيع، ولكن وجود هذا الطفل لن يمنعكم من العودة تدريجيًا لممارسة الرياضة (العودة للرياضة التي تحبونها شيئًا فشيئًا، التخطيط للرحلة الهامة بالنسبة لكم بعد عام أو اثنين...). وجود الأطفال لا يعني أن تنسوا أحلامكم!

كيفية الاستخدام؟

المراحل

1. أخذ الوقت للتفكير بما **تحتاجون له كي تشعروا بالراحة**. وقد يختلف ذلك باختلاف سن أطفالكم (الراحة، الرياضة، النزهات، اللقاءات مع الأصدقاء...).
2. أخذ القرار **بالخيارات التي تسمح بتحديد موعد منتظم**، أسبوعي إذا أمكن. من الضروري أن يتحدث الزوجان بهذا الخصوص، لكي يحظيا بفترة الراحة ويتفقان بخصوصها، ما يتيح لهما نيلها بشروط جيدة (تحمل مسؤولية توفير الرعاية للأطفال، دون تبادل الملامة فيما بعد...). ويتمثل الوضع المثالي في حصول كل من الزوجين على فترات راحة عادلة إن لم تكن متوازنة.
3. **تدوين** مواعيد تلك الفترات وأماكن اللقاءات **في مفكرتكم**.

4. احرصوا على **الحفاظ على فترات الراحة** هذه مهما كانت الظروف تقريبًا (إصابة الطفل بنزلة برد لا يجب أن يمنعكم من الخروج للعشاء مع الأصدقاء، مع ضمان إمكانية الاتصال بكم في كل الأوقات).
5. حاولوا **الاستفادة** تمامًا من هذه الفترات، بدون **الشعور بالذنب** إذا تناسيتم الأطفال لبرهة من الوقت (تأكدوا بأن الواقع سيعود ليتصدر وبسرعة قائمة أولوياتكم مجددًا!). تهدف فترة الراحة إلى أخذ «استراحة فعلية»، ولكنها ترمي أيضًا إلى إخراجكم من الدوامة اليومية والتي قد تكون جنونية. كذلك تتيح لكم استرجاع القدرة على التركيز. وعند النظر إلى الأمور عن بعد يمكنكم تحديد أهميتها وضرورتها.

نصائحي...

- يجب أن تكون فترة الراحة هذه مقبولة، وأن تدرج ضمن برنامج حياتكم دون أن تتعرض لأي تشكيك، وإلا سيتم إلغاؤها.
- في حال انفصال الزوجين، وحصول أحدهما على حق الحضانة في أغلب الأوقات، من الضروري تخصيص أوقات للراحة. وعند قضاء عطلة نهاية الأسبوع بدون الأطفال، والحصول على وقت خاص لا ينبغي استهلاكه في ترتيب المنزل وشراء الاحتياجات. إنه الوقت المثالي للراحة، دون تعريض توازن الحياة للخطر بالطبع.

معرفة المزيد

الاهتمام بالنفس
لأنكم تستحقون ذلك!

عندما يلازم الآباء والأمهات المنزل (من الناحية الإحصائية الأمهات الملازمات للمنازل هن الأغلبية) مع أطفالهم الصغار في السن، فإنهم يميلون لارتداء ملابسهم بسرعة كبيرة، دون الاهتمام بمظهرهم الخارجي.

بالتأكيد، يجب أن تكون الملابس من النوع المريح والعملي، ولا تتسخ بسهولة. من هنا يبرز خطر الاكتفاء بوضع ثياب الرياضة وبدء اليوم بها دون النظر في المرآة، أو أخذ الوقت لتسريح الشعر، أو حتى التفكير بالتبرج!...

في هذه الفترات حين لا يكون المظهر الخارجي في أعلى درجاته (بعد الولادة، عندما يكون الأطفال صغارًا في السن...)، يبقى الاهتمام بالنفس أمرًا هامًّا، ما يعني أيضًا الاهتمام بمظهركم الخارجي. فهذا المظهر هو ما يراه الآخرون، وهو أيضًا ما ترونه بأنفسكم. لا شك بأن بذل بعض الجهود في هذا المجال بين الحين والآخر سيعود عليكم بالفائدة.

أمسية خاصة بالبنات أو بالشباب

تقدم الأمسية الخاصة بالبنات أو بالشباب ميزة هائلة تتمثل في عدم الاستعانة بخدمات جليسة أطفال، إذ يمكن للزوج أو الزوجة رعاية الأطفال في حال لم يكن مسافرًا أو لم يكونا منفصلين. وتساعد هذه الأمسية أيضًا في التخفيف من الميزانية والتنظيم وتسهل الخروج من المنزل بما أن الزوج/الزوجة سيكون مسؤولًا عن الأطفال.

إنها فرصة فريدة «لإخراج المكنونات» ومعرفة أن الأمور ليست على حال أفضل عند الآخرين. ومن مساوئ سهرة البنات (التي تكون بوتيرة أقل من سهرات الرجال) أنها تتحول إلى محادثة عن حياة الأطفال. مع العلم بأن التحدث عن الأطفال يحمل متعة بحد ذاتها، إلا أن السهرة تقدم الفائدة من لقاء الآخرين بالتحدث عن مواضيع البالغين، والاسترخاء قليلًا، والنسيان على مدى أمسية بأنكم أم أو أب...

تذكروا أيضًا أن لقاء أصدقاء ليس لديهم أطفال يبث روحًا منعشة، ويعود عليكم بفائدة كبيرة. فمعهم/معهن لا مجال للتحدث عن التبول في السرير والتسجيل في الحضانة... وإن تحدثتم عن تلك المواضيع أكثر مما يجب، فإنكم تخاطرون بعدم لقائهم المتكرر!

شهادات

«أخرج للعشاء، مرة في الشهر، في المطعم مع صديقاتي. لا أعتقد بأني أستطيع الصمود بدون تلك اللقاءات وما يدور فيها من نقاشات. نضحك كثيرًا ونقارن مجريات الحياة في ما بيننا! بما أنه أصبح لدي أطفال اليوم، صرت أشعر بأني منعزلة أكثر من قبل، فلم أعد أتمكن من الاتصال بصديقاتي، ولذلك حين نلتقي، فإننا نحاول التعويض عما فاتنا». (سلمى)

«أمارس رياضة المشي كل يوم أحد مع صديقة لي؛ ومع أن نيتنا ممارسة الرياضة إلا أننا نتحدث بشكل خاص! وعندما أعود إلى المنزل، أشعر بأني أفضل حالًا، وأني مستعدة لمواجهة الأسبوع». (مرام)

«حصلت على بعض الوقت لنفسي ذلك اليوم. فاستمتعت بحمام ساخن. قد يصعب عليكم تصديق ذلك، ولكني لم أحصل على مغطس دافئ كهذا منذ ثلاث سنوات!» (رنا)

154

هوايات مشتركة

يمكن للأطفال عندما يكبرون أن يرتبطوا، إلى حد ما، بممارستكم لهواياتكم. الذهاب إلى الصيد، التنزه في الجبال، الإبحار على مركب، لعب كرة القدم، زيارة متحف، حضور حفلة موسيقية (طبعًا لن تكون حفلة هارد روك)، العزف على آلة موسيقية، الرسم، الرقص... كل تلك الهوايات يمكن أن تمارسونها مع أطفالكم. وكلما تعرف الأطفال على هذه الهوايات في سن مبكرة، كلما بات من السهل عليكم اصطحابهم معكم، إلى أن يستكشفوا هوايتهم الخاصة.

التوقف عن تقديم إرشادات عن السعادة والمثالية

تنتظم الحياة بمراحلها المختلفة؛ ومن الوهم التفكير أنه يمكنكم تحقيق التفوق الكامل في كل مراحل حياتكم. فما السبيل لعيش حياة مهنية ناجحة، وحياة أسرية مزدهرة، وحياة أبوية مراعية للأطفال، وحياة زوجية مذهلة، وحياة خاصة كاملة، وحياة رياضية عالية المستوى؟ قد تكون الإرشادات الاجتماعية لتحقيق السعادة والمثالية مسببة للإرهاق ولقدر كبير من عدم الرضى. تبدي شبكات التواصل الاجتماعي صورة مثالية عن الحياة وعن النجاح، ولكننا حين نقترب نرى بأن الواقع المخفي خلف تلك الصور الجميلة ليس بهذا الجمال...

يقال بأن كل شيء في وقته جميل وهذا صحيح. قد تختلف أولوياتكم -وستختلف- على مدى حياتكم. إن اجتماع أسرتكم حولكم لن يدوم طويلًا في نهاية المطاف (20 سنة تقريبًا) لذلك استمتعوا بتلك الفترة والأوقات قدر المستطاع! إنها فترة تكون الحياة خلالها مثقلة ومشحونة ومزدحمة للغاية، خصوصًا بوجود الأطفال، وتتماشى غالبًا مع مرحلة تكونون فيها ملتزمين جدًا بحياتكم المهنية.

تتطلب تربية الأطفال القدر الكبير من الوقت والاهتمام، ولكنها تمنحكم أيضًا القدر الكبير من السعادة والفرح. قد تبدو الحياة اليومية للأسرة تافهة، ولكنها شديدة الإثراء. حين تتشاركون هذه اليوميات تنقلون قيمكم إلى أطفالكم، وترشدوهم إلى أن يصبحوا بالغين مستقلين. وحين يغادرون عش الأسرة، يمكنكم استرجاع أوقاتكم لأنفسكم. ولا بد أنكم ستجدون تحديات تتصدون لها عندما يكبرون.

الطريقة

61

المواعيد الرومنسية

ليس من السهل دائمًا إيجاد فسحة في برنامجكم لأوقات خاصة لكم كأزواج، ولكن من الضروري استعادة هذا الوئام مع الزوج/الزوجة، فالعلاقة الزوجية تحتاج للرعاية... يجب أن تترافق عفوية اللقاءات الأولى مع جرعة محددة من التنظيم (إيجاد جليسة للأطفال على وجه التحديد).

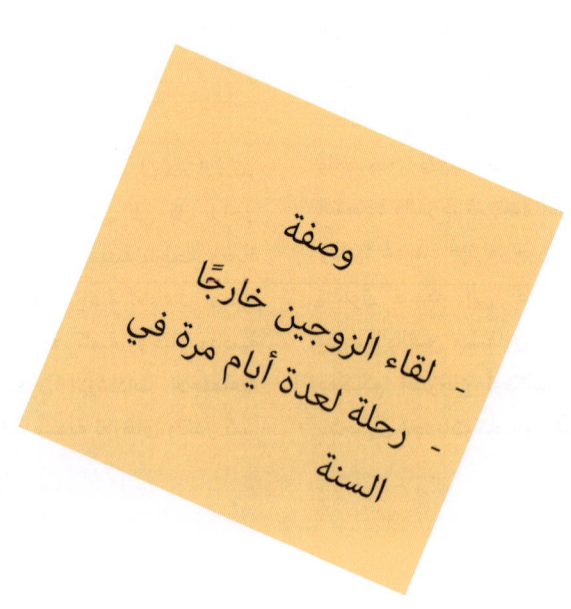

وصفة

- لقاء الزوجين خارجًا
- رحلة لعدة أيام مرة في السنة

6 المشاركة والإقدام على طلب المساعدة

سبب الاستخدام؟

برنامجكم اليومي دائم الازدحام؛ ففي كل يوم، تعطون الأولوية للمهام الأكثر إلحاحًا مثل العمل والأطفال والمنزل. أما الزواج؟ فلا يحظى بما يكفي من وقتكم كي تهتموا به. وتشعرون بأنكم مع شركائكم تشكلون فِرقًا وليس أزواجًا، تتناقلون مسؤولية الأطفال وتتبادلون قائمة المهام. لقد حان الوقت لكي تضغطوا على زر التوقف، وتخصصوا الوقت لكما كزوجين.

كيفية الاستخدام؟

المراحل

1. تنظيم **موعد أسبوعي** يسجل ضمن برنامجكم مع حجز مسبق مع جليسة أطفال، أو إيجاد حل آخر لمجالستهم. في الواقع، لا يتماشى وضع الخطط مع المواعيد الرومنسية. ومع وجود الأطفال، يصبح من الصعب الارتجال دائمًا، ولذلك يجب أن نعرف كيفية تنظيم الوقت.

2. إن لم تجدوا أي طريقة لمجالسة أطفالكم، يتعين عليكم إظهار روحكم **الإبداعية**: اجعلوا الأطفال يخلدون للنوم باكرًا، أعدوا بعض الوجبات الشهية، أشعلوا الشموع ونظموا عشاء على ضوء الشموع في المنزل.

3. يمكنكم أيضًا التخطيط **لرحلة طويلة** مرة في السنة، دون الحاجة للذهاب إلى آخر العالم. وإن كنتم من محبي السفر على الطرقات، يمكنكم التخييم. وإن كنتم من سكان المدن، خططوا لتبادل المنازل، المهم أن تحصلوا على فترة راحة بدون الأطفال لكي تنفصلوا عن كل شيء في حياتكم. إنها مهمة تخصيص الوقت المناسب لـ«الأزواج».

نصائحي...

عديدة هي الحلول التي يمكن أن تقدم لكم موعدًا رومنسيًا ومنها:

- جليسة الأطفال: إنه حل غالي الثمن، ولكن أن استطعتم إيجاد «اللؤلؤة» النادرة، عندها يمكن أن ترافقكم خلال حياتكم مع أطفالكم، ويمكنكم أن تقيموا معها علاقات مبنية على الثقة والصداقة مع أطفالكم.

- أفراد الأسرة: هذا حل أقل تكلفة ولكنه ليس ممكنًا في كل الأوقات (حسب قرب سكن أفراد الأسرة ومدى توفرهم). ولا تنسوا بأن هذا الحل قد يولد بعض المشاكل والتوتر في العلاقات الأسرية (توتر محتمل مرتبط بالتصرف العادل بين مختلف الأحفاد، أو الخدمات المقدمة من منطلق الواجب...).

- التبادل بين الأقارب: حل ممكن ولكنه مثير للمتاعب. يمكنكم أن تضعوا جهاز التنصت الخاص بالطفل عند الجيران، مقابل استقبال ابن الجيران في وقت آخر، أو يقضي ابن أحد أصدقائكم عطلة نهاية الأسبوع عندكم مقابل استقبالهم لأبنائكم ليوم كامل... كل هذه الطرق توفر وسائل مميزة لتعميق الصداقة بين الآباء وبين الأطفال، ما يسمح للأطفال بالحصول على «عائلات بديلة» عند الضرورة.

- إن لم تكونوا متزوجين، فمن الضروري أن تبحثوا عن الشريك المناسب، إذ يصعب على الشخص الواحد أن يرعى الأطفال لوحده في حال كانت الحضانة له، إذ أنها تتطلب القدر الكبير من الطاقة والتنظيم.

الدفتر المرفق

بطاقات عملية

تجدون في الدفتر المرفق والقابل للانفصال البطاقات العملية التي ورد ذكرها في الكتاب. وترمي هذه البطاقات إلى مصاحبتكم أثناء تطبيق الطرق المختلفة؛ ولا تترددوا في الاستلهام منها لابتكار أدوات خاصة بكم! يمكنكم نسخها وإعادة استخدامها مرارًا وتكرارًا قدر ما ترغبون، ويمكنكم أيضًا تحميلها بصيغة ملف «بي دي أف» عن الموقع الإلكتروني www.dunod.com.

قائمة المحتويات

البطاقات

مدوَّنة الأسبوع

خطة الأسبوع

رسومات

المشاركة في الحياة الأسرية

أفكار لوجبات يومية

وجباتنا اليومية

قائمة الطعام الأسبوعية

البحث عن الكنز في المتحف

تحضيرات يوم الحفل

تنظيم حفل لذكرى ميلاد

هدية القسائم

كبسولة الزمن

دوركم في اللعب

دليل مقابلة التوظيف

مدونة الأسبوع من ....

قائمة المهام

الاتصال

الأحد	الاثنين	الثلاثاء	الأربعاء	الخميس	الجمعة	السبت

نجاحات ولحظات سعيدة

توقعات

برنامج الأسبوع

الأحد	الاثنين	الثلاثاء	الأربعاء	الخميس	الجمعة	السبت

بطاقة الرسوم التوضيحية

 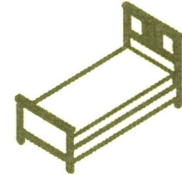  

أنت تشارك في الحياة المنزلية!

المهام	الأحد	الاثنين	الثلاثاء	الأربعاء	الخميس	الجمعة	السبت
إعداد المائدة							
تنظيف المائدة							
الكنس							
إفراغ غسالة الصحون							
ترتيب الغرفة							

- اذكر في الجدول المهام الواجب إنجازها
- عند إنهاء المهمة، ضع علامة × أو لوِّن الخانة
- يمكنك الاستعانة بمغناطيس لتعليق الجدول وإعادة استخدامه في الأسبوع التالي

أفكار لوجبات سريعة يومية

باستا وأرز
- سباغيتي كربونارا
- غراتان باستا
- رافيولي
- باستا على الطريقة الآسيوية
- ريزوتو

الحساء والخضار
- حساء بيستو
- حساء مينيستروني
- حساء خضار الموسم
- يخنة الخضار
- عدس على طريقة ديجون
- بطاطا باللحمة
- غراتان الكوسى أو القرنبيط
- خضار محشوة

سلطات متنوعة
- سلطة العدس، الكينوا، الهندباء البرية
- سلطة سيزر
- سلطة نيسواز
- سلطة الفاصوليا والبندورة والفيتا
- تبولة
- سلطة الملفوف الآسيوي
- السلطة الصينية

فطائر وكيك مالح
- كيش لورين
- كيش جبن ماعز والطماطم أو التونة
- كيش سبانخ وسلمون
- فطيرة بالطماطم والهندباء البرية...
- بيتزا
- كرامبل مالح
- كيك كلاسيكي مالح

البيض
- عجة متنوعة
- بيض مخفوق
- بيض مسلوق
- بيض عيون
- بيض بالماء
- بيض بالخضار

أطعمة تؤكل باليد
- كروك موسيو
- شطائر بالفرن
- غاليت وكريب
- بيتا، فاهيتا، بوريتو
- بايغل وبيرغر

وجبات كاملة
- لازانيا
- موساكا
- فطيرة الراعي
- طماطم محشوة
- لحم مشوي وغراتان البطاطا
- فيليه بالخضار
- أوسو بوكو
- وجبات الكاري
- طاجين
- كسكس
- الفلفل الحار مع اللحم
- سمك بالكريما
- سلمون بالكراث
- غراتان ثمار البحر

وجباتنا اليومية

باستا وأرز

وجبات ترتكز على البيض

حساء وخضار

فطائر وكيك مالح

سلطات متنوعة

وجبات كاملة

قائمة طعام الأسبوع

الاثنين
الثلاثاء
الأربعاء
الخميس
الجمعة
السبت
الأحد

قائمة المشتريات

البحث عن الكنز في المتحف ....

صف أو ارسم أو ضع علامة على الكنوز التي وجدتها في المتحف

آلة موسيقية	كلب	رجل ملتحي
فواكه	ملك أو ملكة	غيوم
حصان	رسم ملاك	شخص يعمل
قبعة	أزهار	طفل
عمل فني أحببته	البحر	فواكه
تفصيل غريب	شخص خائف	أم مع طفلها

وجباتنا اليومية

التاريخ:

عدد المشاركين:

قائمة الطعام

الزينة

+
+
+
+
+
+

الفعاليات

قائمة المشتريات

التخطيط المسبق للحفلة

قبل الحفلة

عشية الحفلة

يوم الحفلة

جهات الاتصال

ملاحظات

ذكرى ميلاد

التاريخ:

الموعد:

عدد المشاركين:

المدعوون	عناوين وأرقام هواتف الآباء

ألعاب وفعاليات	المدة
+	
+	
+	
+	
+	
+	

العصرونية

الزينة

+
+
+
+
+
+

تحضيرات مسبقة	تحضيرات عشية ويوم الحفلة

قائمة مشتريات الزينة والفعاليات

قائمة مشتريات العصرونية

بطاقة من أجل	بطاقة من أجل	بطاقة من أجل
....	....	....

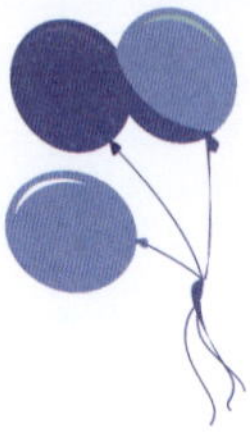

بطاقة من أجل	بطاقة من أجل	بطاقة من أجل
....	....	....

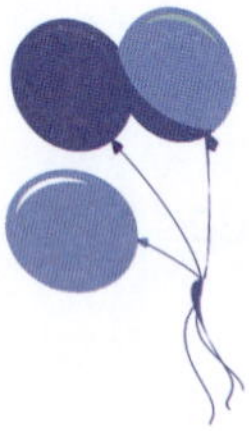

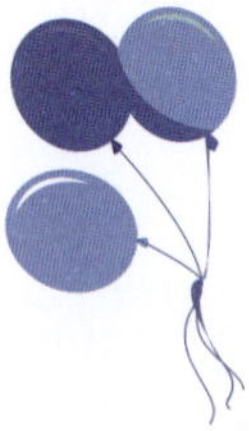

بطاقة من أجل	بطاقة من أجل	بطاقة من أجل
....	....	....

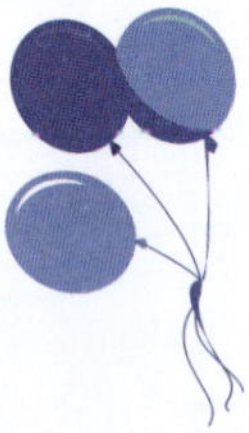

بطاقة من أجل	بطاقة من أجل	بطاقة من أجل
....	....	....

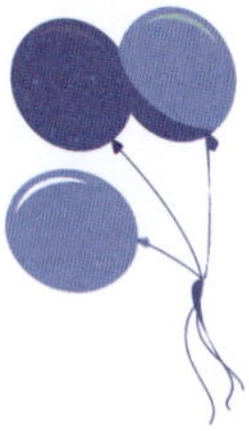

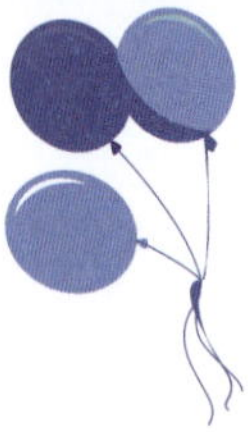

بطاقة من أجل	بطاقة من أجل	بطاقة من أجل
....	....	....

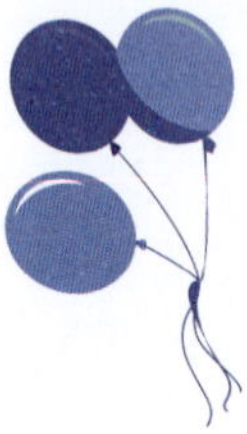

كبسولة الزمن

التاريخ: ....

الاسم: .... اسم العائلة: ....
العمر: .... الطول: ....

أفضل الأوقات في السنة المنصرمة
....
....

الكتب والأفلام والفرق الموسيقية التي أحبها
....
....
....
....

أصدقائي وصديقاتي
....
....

أمور تبهجني
....

أمور لا أحبها ولا تعجبني
....

أكلاتي المفضلة
المقبلات: ....
الوجبة الرئيسية: ....
الحلوى: ....

أوقات أنتظرها بفارغ الصبر:
....
....

لاحقًا، أود:
....
....
....
....
....
....
....

دوركم في اللعب!

في ما يلي تمرين بسيط يهدف إلى تعزيز الاهتمام بالنفس. ويمنع إغلاق الكتاب قبل الإجابة على الأسئلة! (ولا تترددوا في طرح هذه الأسئلة على أنفسكم بانتظام)!

• الاستراحة اليومية التي تعطيني الراحة، هي:
....
....
....

• كيف أنجح في منح الاستراحة لنفسي؟
....
....
....

• في اللقاء المقبل مع أصدقائي/صديقاتي
أود أن أرى : ....
وأن أقوم بـ:...
كيف أنظم النشاطات؟...
....
....
....

• اللقاء القادم مع الزوج
سيكون بتاريخ ....
كيف أخطط له؟:...
....
....
....

• النشاط الذي أفتقده
هو: ....
ما السبيل لاستعادته؟:...
....
....

• الكتاب، أو الفيلم، أو المعرض الذي أود قراءته أو مشاهدته
هو: ....
ما السبيل لتخصيص الوقت لذلك؟:...
....
....
....
....

دليل مقابلة التوظيف

التاريخ:

المرشح/المرشحة

الاسم الكامل	
العنوان	
الهاتف	
تاريخ بدء العمل	
الوثائق الإدارية (بطاقة الإقامة)	
مكان الإقامة والمسافة من البيت	
مداخلة المرشحة	
الانطباع العام (احترام المواعيد، حسن الكلام...)	

الخبرة

سنوات الخبرة في هذا المجال:

الخبرات السابقة	من إلى	من إلى	من إلى
عدد الأطفال			
سن الأطفال			
المهام (احذف المهام غير المفيدة	تحضير الوجبات، التنظيف، الكي، ابتياع المشتريات عرضيًا، حمام الأطفال، العشاء، المساعدة في الواجبات المدرسية	تحضير الوجبات، التنظيف، الكي، ابتياع المشتريات عرضيًا، حمام الأطفال، العشاء، المساعدة في الواجبات المدرسية	تحضير الوجبات، التنظيف، الكي، ابتياع المشتريات عرضيًا، حمام الأطفال، العشاء، المساعدة في الواجبات المدرسية
مواعيد العمل			
الراتب			
أيام العطلة			
سبب إنهاء العقد			
ملاحظات أخرى			
بيانات المراجع			

توقعات المرشح/المرشحة

نوعية الوظيفة المرتقبة	
المتطلبات الخاصة (مواعيد العمل، الإجازات...)	

المهارات والتطبيق العملي

التدريب المحتمل	
لماذا اخترت هذه الوظيفة؟	
ما هي الصعوبات التي واجهتها؟ وكيف؟	
كيف يسير اليوم النموذجي عند مجالسة الأطفال؟	
ما هي الألعاب والنشاطات التي تقدمينها للأطفال؟	
كيف تتصرفين إذا طلب الطفل مشاهدة التلفاز أو اللعب بألعاب الفيديو...؟	

الوظيفة

الأطفال	
توقعاتي وقيمي	
ساعات العمل	
الإجازات	
تاريخ بداية العقد	

المهام (ذكرها بالتفصيل)	**الخبرة** (ضع علامة في حال عدم وجودها)